U0947524

鞋服店 VIP 盈利系统

鞋服店每年业绩翻番的行动路径

陈 伟 著

中国原子能出版社

图书在版编目（CIP）数据

鞋服店 VIP 盈利系统 ： 鞋服店每年业绩翻番的行动路径 / 陈伟著. -- 北京 ： 中国原子能出版社， 2020.11
ISBN 978-7-5221-0993-0

Ⅰ. ①鞋… Ⅱ. ①陈… Ⅲ. ①鞋—商店—商业经营②服装—商店—商业经营 Ⅳ. ① F717.5

中国版本图书馆 CIP 数据核字（2020）第 195497 号

鞋服店 VIP 盈利系统：鞋服店每年业绩翻番的行动路径

出版发行	中国原子能出版社（北京市海淀区阜成路 43 号　100048）
责任编辑	左浚茹
装帧设计	胡椒设计
责任印制	潘玉玲
印　　刷	北京时捷印刷有限公司
经　　销	全国新华书店
开　　本	787mm×1092 mm　1/16
印　　张	13
字　　数	161 千字
版　　次	2020 年 11 月第 1 版　　2020 年 11 月第 1 次印刷
书　　号	ISBN 978-7-5221-0993-0　　定　价　52.00 元

网址：http://www.aep.com.cn　　E-mail：atomep123@126.com

前　言

近年来，经营实体门店的商家都有一个普遍的共识：“生意越来越难做了。”难在哪里？主要体现在三个方面：

1. 同行业门店数量激增，商品同质化严重；

2. 门店租金日益上涨，大量货品库存积压；

3. 电子商务的巨大冲击，造成实体门店的客户流失、销量下滑。

诸多困境面前，实体门店的生存现状不容乐观，尤其在鞋服零售这样的领域，竞争早已经进入白热化。因此我们看到不少门店纷纷陷入“扩张战”“价格战”的误区，试图用更多的门店、更低的价格来和同行、网店比拼，挽回客户的心。然而这样做，只能让门店陷入资金链薄弱、大量人力物力耗损的窘境，甚至有可能损害门店的品牌形象，对长期可持续发展实为不利。

那么，想要扭亏为盈，让自己的门店在同行业中脱颖而出，到底该怎么做呢？我们说“三流的门店拼价格，一流的门店拼客户”，这里的客户，指的就是门店的忠实 VIP 客户。

在当今的“粉丝经济时代”，每一位鞋服店的商家都应该有这样的觉悟：谁拥有粉丝，谁就拥有市场；谁拥有越多忠实的 VIP 客户，谁就能收获丰厚的利润和更广阔的前景。VIP 客户的数量、质量和忠诚度，是衡量一个门店或品牌影响力的基本要素；而建立以 VIP 运营为核心的商业生态系统，是当下鞋服店走上可持续盈利的必由之路。

因此，鞋服店应该顺应时代潮流，杜绝过往传统门店“等客上门”的心态，积极发展 VIP 客户，提供差别化服务和精准营销，提高忠诚度、实现多次购买、引发互动分享并实现口碑营销，把客户变成“自己的拥趸”。未来的客户需求无限多元、极富个性，越来越多地追求商品的附加值。例如，品质、艺术性等，甚至是价值观和人格认同。实体零售商业的情感化、社交化发展趋势将成为主流。

如何吸引这些多元化、个性化的优质客户成为门店 VIP，如何跟进维护发挥 VIP 客户的终身价值，如何全方位实现自身由“传统门店”到“VIP 型鞋服店”的转变升级，都是我们所要思考和解决的问题。而这些，在《鞋服店 VIP 盈利系统》一书中通通都能找到答案。

《鞋服店 VIP 盈利系统》这本书，从细分客户等级、呈现商品价值、营造场景体验、优化接待流程、持续跟进维护、精进管理运营六个方面入手，深入解析、层层落地，手把手教鞋服门店经营者如何构建适合自己的“VIP 立体盈利系统”，在市场占据一席之地。

粉丝经济时代，你还在为没有客户发愁吗？20 年行业经验倾囊相授，大量门店改造实例分享，层层落地，只讲干货。从入门到精通，手把手教你如何打造“顶流”店铺，实现门店每年利润翻番！

最后，送给大家我个人非常喜欢的一句话：“成功的法则只有一条——明确方案，死磕到底。”

2020 年 8 月

目　录

CONTENTS

第一章

粉丝经济时代，
解读鞋服店如何走上 VIP 盈利之路

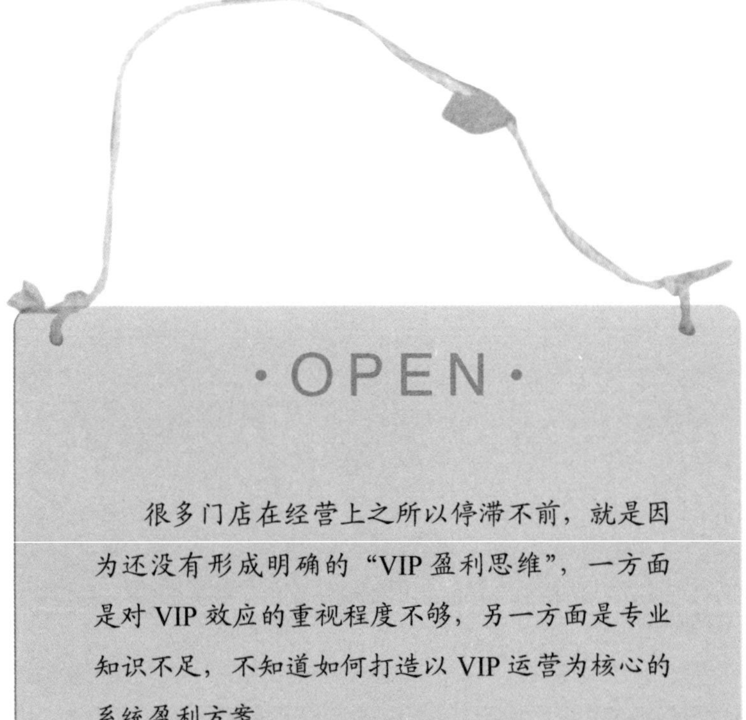

很多门店在经营上之所以停滞不前，就是因为还没有形成明确的“VIP 盈利思维”，一方面是对 VIP 效应的重视程度不够，另一方面是专业知识不足，不知道如何打造以 VIP 运营为核心的系统盈利方案。

大多数人对 VIP 意味着什么认识还不够深刻

在线上线下接受学员咨询的时候，我习惯在开始先问大家一个问题：“你认为，对一家实体门店来说，最值钱或者最有价值的是什么？”

有人说是黄金地段的店面，有人说是充足的流行款的货品，还有人说是能力优秀的员工。其实我们客观地思考一下，店面等不动产随着经济趋势动荡会有贬值的风险，货品随着潮流的更新换代会被淘汰，优秀的员工也随时可能离职。那么，一个门店最有价值的到底是什么？

解答这个问题之前，我们不妨从时下正火的“网红直播”说起。直播领域表面上红红火火，实际内部竞争非常残酷，“顶流”和普通主播在收入上有天壤之别。有些主播 5 分钟能带货 1000 万，有些主播一个月都卖不出 2 件商品，本质原因是什么？就是粉丝的数量和质量的区别。粉丝越多、“真爱粉”越多的主播，带货速度就越快，身价就越高，活跃程度就越高，吸粉的速度又更快，从而形成了一个可持续发展的良性循环。

直播行业的飞速兴起，只是当今商业社会的“粉丝经济”模式如火如荼发展的一个缩影。这种模式在互联网经济中表现得更为明显。比如，腾讯为什么市值达到 4000 亿美金？为什么拼多多天天让用户们拼单？腾讯的成功原因之一是固定粉丝基数极其庞大，仅仅微信这个 APP 就拥有 10 亿用户，也就是说腾讯至少拥有 10 亿固定的粉丝。而拼多多拼命地让大家转发、砍价、互助，同样也是在积极地拓展和维护粉丝群体。

通过以上事实我们会发现，在激烈的商业竞争之中，谁拥有粉丝，谁就拥有市场，拥有业绩。粉丝经济的模式已经渗透到各个领域，无论线上线下，对实体鞋服店自然也不例外。要想站在风口，就必须紧跟时代潮流，拥抱变化。所以，回到开头的问题——对一家实体门店来说，最有价值的不是店面、货品、员工，而是我们的粉丝，也就是本书所讲的忠实的 VIP 客户，那些开始重视 VIP 管理的企业，已经尝到了“甜头”。

我从 2014 年开始服务青蛙王子公司，服务了 6 年，每年业绩都增长 40% 以上，其中有一个最重要的原因就是总部非常重视 VIP 的管理。他们总部最重要的三个部门之一就是 VIP 服务中心，这个部门在公司的地位是至高无上的。他们要求每个门店必须有一个 VIP 专员，这个 VIP 专员尽量不是店长（这样才能更专注），受总部直接领导和指导；同时，要求每个店铺一定要拿出一笔预算来做 VIP 服务。如果仅仅让员工去做服务，却不给他经费，是很难执行到位的。店铺要拿出营业额的 5% 做服务，钱必须花掉，且花出花样来。所以客户满意度越来越高，活跃度越来越高，很多单店都能卖到 600 万元。

VIP 客户的三大优势

如此强调 VIP 客户的重要性，是因为这类人与门店的普通消费者相比，存在以下三大优势。

1. 重复消费

重复消费很好理解，即客户在你这里消费后，觉得很满意，以后每次有这个需求都会再找你。重复消费可以分为三类：第一类是主动重复消费，就是客户消费了第一次后还会主动消费多次；第二类是被动重复消费，也叫“追销”，就是客户第一次消费结束以后，商家用其他活动引导他产生新的消费；第三类是连带销售，就是客户购买了 A 款商品，商家根据客户的需求推荐其继续购买 B 款商品。

连带销售是真正能把业绩做大和利润做高的高级技巧。比如卖衣服，客户购买了衬衣，商家可以再推荐他们购买裤子、领带、外套等。连带销售最关键的不是推荐什么，而是客户第一次消费必须成功，哪怕只购买价格最低廉的商品。如果太早推荐，让客户发现一次消费加起来需要那么高的费用，往往会把客户吓到，他们连第一次消费都放弃了。

2. 转介绍

如今，企业的拓客成本很高，那么最好的途径便是通过粉丝的口碑达到宣传的目的。新客户都在老客户身边，所以如果老客户愿意为你做推广，影响他们身边的人，那么转介绍的价值将会非常强大。不过，要想让老客户转介绍，我们自己也需要做一些工作。

你或许经常碰到这种情况：有的老客户很热情，很愿意为我们宣传，但是他不知道怎么描述你的商品。那么，企业就应该提前做好有助于传播的工作，比如撰写企业介绍、商品介绍等。我在辅导企业时，都会教他们在新媒体上写一些好文章，拍一些不错的视频，建立公众号并定期发些优质文章（包括新品推介、活动预告等）对其经营维护。当老客户向其他人转介绍的时候，才有东西说，有资料看。企业做好配合，将会大大地增加粉丝转介绍的成功率。

3. 客户见证

有的客户对我们的商品或服务很满意，跟我们的感情也不错，愿意为我们推荐，我们就可以留下一些客户见证。这些客户见证在营销当中是最有力的说服武器，因为自夸一千遍，不如客户说一句“你真好”。我们一定要学会收集客户见证，也就是客户说我们好的证据。客户见证一般有以下两种，一种客户见证是聊天记录，单纯的文字无法判定真伪，没有说服力，而与客户聊天记录的截图则是很有说服力的；另一种客户见证是视频。客户可以真人出镜为我们推荐，这样既显得真实，又有感染力。客户见证可以在营销过程中使用，比如一对一的商品介绍，或一对多的会议营销，甚至可以请客户上台现身说法，这样就更有说服力。另外，客户见证也可以在解除客户抗拒的时候派上用场。

综上所述，VIP 客户不同于普通消费者，是因为他们不光购买商品，对商品（门店）、服务人员，还产生了一种价值上的认同感和情感连接。他们不仅会继续购买你的商品，还会贡献他们的时间、精力和影响力，自愿成为你的志愿者和宣传者；再次，VIP 客户与商家的情感是“依存”关系，它建立在“好感”“共鸣”等积极情感因素的基础上，而且由于 VIP 客户对门店存在好感，因此说服难度较低，容易产生持续的交易。

最后需要注意的是，时至今日，仍有不少传统企业误将 VIP 客户与消费者混为一谈。例如，商品社区只是把消费者拉到一起，这不是 VIP 团，而是消费者群体。如果这些消费者的价值观不一致，不认同你的企业文化，对商品和品牌就没有价值，甚至会演变成投诉群体，对门店的影响反而不利。那么，消费者和 VIP 客户有什么区别呢？消费者就是购买你的商品的人，但他们不一定使用。而 VIP 客户不光购买以及使用商品，还是商品和店铺的支持者，而只有他们才会做你商品的推广者。

【落地指导】

（1）参观至少三家以上企业的 VIP 部门。

（2）统计门店现有 VIP 客户的数量。

实体门店 VIP 管理的现状与前景让人堪忧

有研究报告指出，低忠诚度的消费者市场时代已经来临，人们热爱新鲜事物，乐于尝试，抵制垄断，渴望获得各种体验。这就使客户关系管理（customer relationship management，CRM）变得越来越重要。客户关系的建立只是同客户打交道的开始，如何维护好与客户之间的关系，增强客户的忠诚度，实现共赢，才是客户关系管理需要解决的问题。在过去，社会化营销中“客户关系管理”是被行业所遵循的普遍性理论，然而在粉丝经济发达的今天，固有的“客户关系管理”理论越来越不适合如今市场环境下的实际情况。于是，我们需要一种新的模式，我们可以称之为 VIP 管理。

VIP 管理的首要任务是对 VIP 的信息进行系统化的分析后，帮助店铺利用这些信息判断出 VIP 的需求，从而实现引导变现。在通常情况下，获取用户的有效信息不是那么容易，需要花费很多精力和成本，由于某些涉及隐私的信息往往还可能引起用户的反感，因此商家在这方面要尤为谨慎。

大多数零售企业都知道通过 VIP 管理来提高其忠诚度的重要性，而 VIP 管理目前主要有两种维系方式，即储值和积分。

储值，顾名思义就是要求客户先存入一定的金额，开通一张专属的会员卡。当客户在本店或者品牌旗下的店铺消费时，可以通过会员卡付费享受一定的折扣。这种会员管理制度的优势就在于零售企业和店铺可以在客户消费之前就获得一定的现金，增加零售企业和店铺的现金储备，使现金周转更加灵活，因此也更有利于店铺的日常经营活动。同时，因为客户在会员卡中已存入了一定的金额，所以当其有购物需求时，会将已开通会员卡的品牌或店铺作为消费的首选。这样一来，门店和客户的忠诚度便得到了进一步的提升。

当然，这种会员管理制度也存在明显的不足，主要体现在对于预付金额难以把握。如果预付金额过低，这种储值的做法对于客户忠诚度的维护所起到的作用就比较有限；如果预付金额过高，那么很多粉丝在看到该金额之后，很可能就会直接决定不办会员卡。

积分，即当客户成为零售企业或店铺的会员之后，将客户在店铺中的消费以及参加的相关活动，用分数来进行记录。当积分达到一定数额时，可以在店铺中兑换礼品、获得折扣、优惠等。这种会员制度的好处就在于，只要客户来店铺消费，就可以获得积分。积分可以让客户获得相应的福利，获得福利之后，则可以促进客户来店消费，这就让消费与积分兑换之间形成了良性循环。

积分制度的不足体现在积分兑换的福利不好把握，如果可以兑换的物品对客户没有太大的吸引力，粉丝很可能不会为这种会员制度买单，客户的忠诚度自然难以维系；而如果兑换的福利过高，零售企业和店铺需要支付的成本相对较高，利润空间就相应缩减了。

下面以全球第七大零售商以及美国第一大连锁会员制仓储式量贩店好市多（Costco）为例来分析一下他们是如何运营会员制的。

好市多绝对可以称得上是零售业的一大奇迹。当然，好市多之所以能够成功与其会员回馈制度有很大关系。好市多区别于大多数零售店铺的一点就在于它有一个“准入证”。消费者只有在取得这个准入证之后，才会被允许进店消费，这个准入证就是会员卡，而且会员等级越高，消费者能够享受的优惠力度也就越大。

在商品方面，好市多为消费者提供了 4000 多种商品，每一种商品都是经过采购部门严格挑选的，而且在定价时也会本着毛利润不超过 14% 的原则。这样一来，消费者在好市多中获得的商品不仅品质有保证，而且价格上也会比其他同类店铺低。

许多消费者都会遇到这样的情况，那就是对于买到的东西不满意，想要退货。而好市多也充分考虑到了这种情况，且只要消费者提供购物发票，便可以无条件退款，十分便捷且绝对客户至上。

好市多的成功经验无疑值得我们借鉴，他们的 VIP 管理模式中的关键词是“门槛”和“让利”，首先用“会员卡”制度提高了准客户门槛，在某种程度上完成了 VIP 的筛选和定位，然后为入门的 VIP 提供了真正的实惠和优待，用立体的 VIP 权益来牢牢地吸引和巩固了客户的忠诚度。

好市多的 VIP 管理模式中，客户与商家的关系仍更多体现在“利益连接”。与这种传统模式相比，未来的门店 VIP 管理中会融入更多“情感连接”的元素。

在解读客户关系管理时，我们可以更直观一些，不妨把客户关系管理看作在和客户“谈恋爱”，你不能在恋爱初期就直接说出婚姻的目的，而是需要慢慢培养感情。

成功的网红店铺在粉丝关系管理方面往往都有自己独到之处，他们大多会花大量时间与粉丝进行互动，而互动的内容可能与商业无关。正是这种长时间互动，对粉丝起到了情感积累的作用。即使推送广告或其他商业信息，他们通常也会采用情感植入的方式，尽量避免“赤裸裸”的商业行径，这样做的好处是使商业信息更有利于被粉丝接受而不会产生抵触情绪。

综上所述，未来的 VIP 管理在操作层面总结起来包含以下几点。

1. 持续良性的互动沟通

与线上门店一样，线下门店的消费者同样既可以“关注”店铺，也可以“取消关注”，在任何时候，他只要改变心意，就可以和店铺中止交易，如果不能通过持续增加的好感来捆绑住客户，那么店铺将不得不面对得来不易的 VIP 会员轻易飞走的局面。

因此门店商家要与 VIP 客户保持持续良性的互动，“持续”的含义在于以细水长流的方式对 VIP 客户发声，同时持续接受他们的声音并做出回应；“良性”的含义则是让沟通建立在积极的情感传递中，避免在互动过程中产生负面情绪。

2. 即时响应 VIP 客户的需求

VIP 客户也就是店铺的忠实粉丝，他们在粉丝经济中起着主导作用，不仅仅是信息与情感的接受者，同时也在进行信息的主动传递和自主发声，甚至后者的表现越来越明显。因此，当面对粉丝的主动诉求时，做到即时响应是使情感升级的重要方式。

3. 隐性推送商业信息

前文已经提到，在粉丝关系里，过于直白的商业信息输出会对粉丝情感造成伤害，因此做到商业信息的隐形推送是十分必要的。

4. 引导 VIP 客户购买

粉丝运营的最终目的是实现变现，这需要店铺在平时的粉丝经营过程中善加引导。那些成功的网红都深谙此道，看上去很平常的互动其实都蕴含着引导变现的目的。网红作为位于粉丝经济聚焦中心的角色能够对粉丝购买行为造成直接影响，因此善用这种影响力就能对粉丝购买偏好和行为产生引导作用。

5. 重视福利的发放

在店铺的日常宣传里，还有一部分内容必不可少，那就是福利活动内容。在店铺圈粉的过程中，当有相当数量的粉丝被聚拢后，商家就要想方设法建立粉丝共同的活动机制，通过发放和商品相关的福利来提高粉丝的黏性，同时增加 VIP 客户对商品的认同感。

6. 搭建 VIP 客户服务体系

VIP 客户的一个重要角色便是消费者，与纯粹的消费者不同，他对服务的需求更为强烈，这是因为服务是尊重的体现，无论是情感层面还是消费层面，粉丝服务的优先考虑因素都是“尊重”，完善的服务体系则能够首先满足粉丝的“被尊重”诉求。

社会化形态下的粉丝关系管理在粉丝经济中所占地位越来越重要，随着社交“去中心化”的演变，粉丝不再是“有你不多，无你不少”的个体存在，而转变成为一种“社交资产”。粉丝关系管理实际就上变成了一种“资产管理”，从这个角度来看，它在整个粉丝经济中的重要性就不言而喻了。

【落地指导】

（1）确定 VIP 服务团队或成立 VIP 服务部门。

（2）规划出 VIP 服务预算金额或者比例。

衡量客户的终身价值是员工同频的关键

我们把客户为门店带来的经济效益称为“客户价值”，也就是说，引导客户完成交易的整个过程，就是在挖掘客户价值。

客户价值是一个动态的综合的概念和现象。客户给门店带来的价值，既有近期价值，也会有远期价值；既有显性价值，还可能存在隐性价值；既有目前的价值，还存在终身价值。正因为如此，如何合理评估客户给企业带来的价值，如何根据客户价值进行分类，变得非常关键。这将决定门店应该赢取哪些客户，应该巩固哪些客户，应该发展哪些客户。商家千万别在意客户一次花多少钱，购买了多少商品或者服务，而应该考虑他们一生可能给企业带来多少财富。

客户终身价值是指客户在其整个生命周期过程中，为企业所做贡献的总和，它是以客户带来的收益减去企业为吸引、销售、维系和服务该客户所产生的成本来计算的，并且要将这个现金量折为现值。

我们按照客户消费的时间轨迹，大致将客户的终身价值分为三个部分，如下面的公式所示：

客户的终身价值＝历史价值＋当前价值＋潜在价值

我们来解释一下三个部分的含义：历史价值，即客户从当前到过去的某个时间段内为企业带来的现金价值大小；当前价值，即客户当下产生的价值总和；潜在价值，即是指根据用户生命周期，预测用户未来留存的时间，计算出客户为企业带来的最大价值总和。

为了让大家对客户价值有个更加直观的理解，下面我们以一家鞋店来举例。

有个客户曾到店买过一双鞋，价格是 500 元，客户付出的这个 500 元就是历史价值。今天客户又来买一双 500 元的鞋，这次的 500 元叫当前价值。由于这个客户前两次的购物经历非常愉快，他可能下次购买鞋子还是会选择到你的店来，可能未来 10 年他都过来买鞋，你们之间关系就会越来越密切，就会从一个陌生的客户变成一个熟悉的客户，从一个熟悉的客户变成一个普通的朋友，从一个普通的朋友变成一个好朋友，这就是一个良性循环。我们一年可能会要买 4 次鞋，那么每年买 4 次，每次消费 500 元，10 年就是 2 万元。也就是说，一个客户他未来可能创造的价值就是 2 万元，这就是他的潜在价值。这一个客户的终身价值我们大致就可以这么算，就是历史价值（500 元）+ 当前价值（500 元）+ 潜在价值（20000 元）=21000 元。按照乔·吉拉德的“250 定律”（即一个客户一生中可以影响身边 250 个人的消费决定。收获这一个客户，就能带来 250 个客户；得罪这一个客户，也就意味着得罪了 250 个客户）来计算，如果他影响了 250 个人一起成为你的忠实客户，那么他的终身价值又将放大 250 倍，达到 525 万元！

可能有人会怀疑说：“我的客户从来没有购买过这么多的商品啊？”那是因为你没有抓住客户的终身价值，这个客户你没有服务好，他在中途就跑掉了，没有在你这里实现他的终身价值。所以接下来我们要清算的客户的数量，当统计完客户所购买商品价格之后，我们会发现：一个优质的客户比什么都重要。我们不能去伤害或者是欺骗任何一个优质的客户，因为这样就会逐渐地让客户流失掉。

对于一家希望持续经营和稳健发展的店铺和公司来说，客户终身价值的大小是企业关注的焦点。客户终身价值也是 VIP 管理的精髓所在，它决定了企业应当为谁提供服务，应该怎样服务。而 VIP 服务策略则决定了客户将给企业带来怎样的投资回报。

客户的商业价值随着用户生命周期从新手期向成熟期发展而逐渐增加，到衰退期逐渐递减，直至流失期。用户的影响力价值也是如此，用户越成熟，对店铺越忠诚，影响力价值越大，而对店铺忠诚的 VIP 客户会成为我们品牌的口碑传播者，会有很强的动力邀请身边的好友加入。

我们研究客户价值的作用主要有以下几个：

首先，以客户价值细分为基础，使客户价值最大化；其次，以客户价值细分为基础，进行差异化的精准营销；再次，以客户价值细分为基础，扩大高价值客户的影响力，引导高价值客户推荐更多高价值客户的加入；最后，了解客户历史价值、当前价值以及潜在价值，进而做出相应的决策，巩固和改进企业现有的营销策略。

客户终身价值的具体包括以下几个步骤。

1. 收集客户资料和数据

企业需要收集的基本数据包括：个人信息（如年龄、婚姻、性别、收入、职业等）、住址信息（如区号、房屋类型、拥有者等）、生活方式（如爱好、商品使用情况等）、态度（如对风险、商品 / 服务的态度，将来购买或推荐的可能）、地区（如经济、气候、风俗、历史等）、客户行为方式（如购买渠道、更新、交易等）、需求（如未来商品 / 服务需求等）、关系（如家庭、朋友等）。这些数据以及未来的变化曲线都将直接影响终身价值的客户测算。

2. 定义和计算终身价值

正如上述所说，影响客户终身价值的因素主要包括店铺与客户关系的长度、深度和广度。具体体现在客户生命周期长度、客户可能给企业创造的价值、企业建立和维持客户关系的成本等。

具体来说可以重点考虑以下几个因素。

（1）客户已经为企业创造的价值及未来可能带来的价值收益。

（2）建立并维持已经发生的客户关系所花费的成本及未来将要发生的成本。

（3）客户购买企业商品 / 服务及维持购买关系的时间长度。

（4）客户购买商品 / 服务的频率及购买偏好。

（5）客户的影响力及向其他人推荐的可能性。

（6）客户信息和客户知识的利用价值。

（7）与其他方进行客户资源合作所获取的直接或间接收益。

3. 客户投资与利润分析

根据上一步骤的计算结果，通过对客户关系的投资和利润分析，发现最有价值的客户。可以直接基于交易成本或资金投入进行计算，或者根据过去类似客户的行为模式，利用成熟的统计技术预测客户将来带来的利润。

4. 客户细分

从第三个步骤中，企业可以看出如何在客户终身价值中赢得最大利润，进而可以根据这些数据将客户细分。通过细分清楚了解客户类型之后，找到最有价值的客户并有针对性地实施客户保持策略，提高客户特别是最有价值客户的满意度和忠诚度。

5. 制定相应的营销策略

衡量客户终身价值的目的不仅在于识别客户和确定目标市场，而且要制定出相应的营销策略，提升销量，尽可能将客户潜力开发出来。

【落地指导】

（1）计算门店现有 VIP 客户的历史价值及当前价值。

（2）估测 VIP 客户的潜在价值，尝试找出潜在价值最大的客户。

构建鞋服店 VIP 立体盈利系统势在必行

如何实现可持续化的盈利，是每个商家都在积极思考的问题。有些企业把低成本作为主要的扩张利基，低成本可以实现低价格，也就是薄利多销的盈利模式。一些现代化的大卖场相对于小超市实际就是用的这种规模盈利模式。而我们鞋服店相对于大卖场来说更像是精品店，所以薄利多销显然是不适合的。还有一种就是利用品牌影响的盈利模式，也就是着力打造我们的商品和服务，基于时代的流行趋势抓牢我们的 VIP 客户体系，从而实现“粉丝经济”的盈利形式。这种模式非常适合中小型门店的发展扩张。下面我结合多年来对大量实体店进行指导和改造的经验，总结出了这种模式下的“VIP 盈利七大箴言”。

VIP 盈利七大箴言

箴言 1：维护好一个老客户的成本是开发一个新客户成本的 20%。

现在鞋服店越来越多，那么如何在这么多的店铺中脱颖而出呢？这就需要珍惜每一个客户，做好老客户的维护工作，为经营之路走得长远打下坚实的基础。我们天天在拼命地开发新客户，而经常忽略了我们的老客户。试想一下，你做营销活动的时候，如果面对 10 位新客户，每个客户送一个礼品，最终能成交几个呢？最多成交两个。但是你邀约的是一位老客户，这个客户曾经是成交过的，你送他一份礼物，他会很开心，哪怕这次没有购买商品，但下一次他一旦有需求一定会优先选择你。所以说我们不要天天想着开发新客户，而是首先要维护好老客户。在维护好老客户的基础之上，再想办法开发新客户，这个战略顺序非常重要。

研究表明，店铺吸引新客户的成本至少是保持老客户成本的 8 倍，而老客户几乎创造了店铺 80% 的收入和 90% 的利润。因此，商家应该把有限的资源放到对重点客户的关怀和维护上，细分他们的需求，进行更加精准的营销，才有可能形成爆发式的利润增长。

在一家鞋服店开店初期，一般订单量不会多，对于商家来说，维护好与老客户的关系是一件很容易的事情。如果老客户维护好了，那么商家所获得的收益也是不可估量的。

箴言 2：20% 的客户创造了 80% 的利润，还有 80% 的客户我们送给了竞争对手。

大家有没有发现，真正在你店铺购物的客户都是些老客户，还有一些客户已经离开了，到了竞争对手那里去了。你天天在开发新客户，忽略了老客户，但是这些留下来的老客户才是帮你创造大部分业绩的高价值客户。

老客户维护得好，他们可以给你带来如下好处：他们的回头率超过 20%；他们是忠实的新款体验者，其评价最丰富、最能打动人；他们会不断地为你的新品开发提供灵感和素材；他们能不断地帮你宣传；他们会不断地帮你指出问题并鼓励你进步；他们会为你的荣誉和成绩喝彩；他们会帮你监控竞争对手的商品动态；他们会帮你发现仿冒者信息，维护市场秩序；他们和你是朋友关系，会和你分享生活中的酸甜苦辣，这便是终极的情感维系。

为了更好地做好老客户资源维护，可以采取如下措施：当有客户来到你的店铺时，不管他有没有意愿购买，你都要耐心地对待，细心地为他挑选商品；根据客户的购物次数在记录系统中分好类，并且做好每个客户的基本资料记录。当店铺有活动时可以通过短信或者微信通知客户，让客户随时掌握最新的促销活动；对商品的到货速度及商品的资料做好跟踪调查，让客户觉得购物很放心、很安心，从而增加其友好度；通过微博、微信、网站、会员群等跟客户互动，主题可以选择一些客户感兴趣的话题；促销也是要有技巧的，即使是送礼品也要跟会员等级挂钩，这样才能凸显老客户在店铺中的地位，让他们有被重视的感觉；采取更多的优惠措施，如打折、赠品等；经常和客户沟通交流，保持良好、融洽的关系，吸引他们重复购买，这样或许还可以带动其他客户来购物。

我之前服务了一个客户，在湖南这个客户的一个品牌销售额能达到 5 个亿，在一年时间之内这个品牌积累了 36 万名会员。他做了一次数据分析，这 36 万名会员当中只消费一次的占 76%。说明大多数会员只消费了一次，就再也没有来过。那么他的销售额是怎么创造的？是靠剩余不到 25% 的客户创造的。

再给大家分析一个案例：我在江苏南通有个学员，他的品牌有 38 万名会员，2019 年的销售额是 1.8 亿元。后来我们做了一次数据分析，真正在 2019 年消费的会员只有 9 万名，也就是说 1.8 亿元的销售是由 9 万名会员产生的。虽然他有 38 万名会员，但是真正产生利润的只是其中的 1/4。38 万名会员当中，如果能从中再激活 9 万名，就意味着增加 1.8 个亿元的销售额；而且这 38 万人已经是会员，不需要那么高的拉新费用，也就是说会有更高的利润空间。

从这条箴言中我们可以总结出什么规律呢？第一，维护好 20% 的 VIP 会员，这件事尤为重要，绝不能让到嘴的鸭子飞掉了。第二就是激活，想办法激活那 80% 的已经流失的会员，刺激他们产生二次消费甚至多次消费，努力把他们也变成 VIP 客户。

箴言 3：只有第二杯的生意才是大生意。

我们很多人都只注重第一杯的生意，忽略了第二杯的生意。那什么是第一杯，什么叫第二杯？第一杯的生意就是第一次见面的交易，第二杯就是后续的交易。只有第二杯的生意才是大生意，这就是说，以后我们服务客户时要搞清楚是为了他这次成交，还是为了他下次再来。

举个例子：有一个客户在店里停留了两个小时，试了 8 套衣服，最后一件也没买。这个时候这个客户已经很不好意思了，就说："不好意思啊，我还没决定好，我想到别的店看一会儿再来。"这时店员的脸色立马就变了，从刚才的笑脸盈盈立刻变成冷若冰霜，这个客户看到后是什么感觉？本来还有可能回来的，但由于看到店员的这种表现，肯定就不会再回来了。这个店员看到的就是第一杯的生意，一心只想着第一次见面就把商品销售出去，而往往忽略了客户的感受。

那假设是我来做这个生意。这个客户已经逛了两个小时，结果一件没买。他说："不好意思啊，小陈啊，我耽误你那么长时间，还是想到别的地方看看再过来。"我说："没什么不好意思啊，您今天在我这里试了两个小时，一看你就是有诚意，真心想买的。之所以两个小时没让你挑到合适的，不是你的问题，是我们的商品不够丰富。不好意思的应该是我，你再去别家转转，看不到合适的，你再回来。非常抱歉耽误您的时间了。"

明明客户什么都没有买，我却强调问题是我们的商品不够丰富，不是他的问题，这时客户心里就会很舒服。然后他们走出去之后，我数 123456，当数到 6 的时候，我就追出去，送一瓶矿泉水，跟客户说外面太热了，拿瓶水路上喝，这时客户对你的好感会再提高一个度。如果他在其他店铺没有看中任何商品，他就有可能会回来。这种情况下就算不是全部的客户都会回来，只有一部分回来的话，我们的销量也会得到提高。

有人会觉得这不是亏本吗？我们来算一下会不会亏，就算一天进来

100 个客人，假设 100 个客人都不买，那么我就送出去 100 瓶水。我批发是 100 瓶水 50 元钱。如果这 100 个客人有 20% 会回来，这 20 个人当中再有 50% 的人产生购买，也就是 10 个人买，每个人买 500 元的商品。按照 50% 的毛利率算，你就赚了 2500 元。100 瓶水才 50 元钱，50 元赚 2500 元。投资 50 元钱服务费用赚回来 2500 元钱。如果你坚持这样做，店铺的业绩就会越来越好。

箴言 4：客户后还有客户，服务的开始才是销售的开始。

结合上一节关于客户终身价值的内容我们可以知道，一个客户的终身价值是巨大的，这就是客户后还有客户。那什么叫服务的开始才是销售的开始呢？首先我们要明确服务的概念，以帮助他人为目的的行为叫作服务，以成交赚钱为目的的行为叫作交易。那么，你们店铺是以帮助他人为目的的行为，还是以成交赚钱为目的的行为。你每次服务他都是为了让他买更多，这叫成交，叫赚钱，这个交易就不叫服务。

就像我们店里做服务是一样的道理。如果你服务他，就是为了让他买单，这叫交易。你服务他，就是为了让他更满意，更开心，更舒服，这才叫服务。付出不图回报才叫付出；付出为了回报，这叫交易。所以思考一下，你们的店铺有没有服务？如果你们这里没有服务只有交易。那到谁家不是交易呢，为什么到你们家交易呢？他很容易就到别人家去买衣服，买鞋子。你的商品跟人家有什么区别？你有什么核心竞争力？如果你什么都没有，那你就要做好服务，就不要图回报。所以这句话很重要，服务的开始才是销售的开始。

分享我的一个客户做鞋服店的案例。

这一家鞋店的年销售额能达到 1500 万元，老板说自己成功的秘诀在于不卖商品，卖服务。具体他是怎么卖服务的呢？有一次有一个客户到他店里来，是因为半年前买了一双鞋，这个鞋底开胶了，问他们能不能修一下。员工就很热情地接待他，答应他在一周之内帮他修好。这个客户很满意，留下了姓名和电话。

在客户准备走的时候，员工又说："非常感谢你选择我们的品牌，虽然这个鞋是半年前买的，但是我们依然会赠送您一份礼品。"员工就拿着两份礼品让他自行挑选一件喜欢的，客户挑来挑去选了一件，没想到这时员工又说："看您两件都喜欢，那就都送给您吧。"

这个时候老板来了跟客户说："非常感谢您选择我们的品牌，也非常感谢您对我们的信任。这双鞋坏了，虽然这双鞋是半年前买的，但毕竟鞋底开胶了，就是我们的质量问题。在我们这里有任何质量问题，我们都要免费再赠送您一双新鞋。您修的这双鞋，我们在一周之内依然会帮您修好，到时候电话通知您。在此给您带来了麻烦，我代表公司给您道个歉，鞠个躬。"这个客户非常感动，说："你们家的服务太好了！我以后都要到你们店买，我一定会把你们的店铺介绍给别人。"

大家设想一下，如果你体验过这样的服务，你会把这个店铺介绍给你的闺密，介绍给你的兄弟，介绍给你的朋友、亲戚吗？你会帮他宣传吗？答案是不言而喻的，这家店铺的成功就在于他们把核心竞争力定位到服务上面。服务的开始，才是销售的开始。当这位老板为这个客户修鞋、送礼品、赠送他一双新鞋、给他鞠躬的开始，才是对这个客户进行销售的开始。所以我们也要学会做服务，尤其是售后的服务。

箴言 5：销售终端是离消费者身体最近的地方，售后服务是离消费者心最近的地方。

这个定律是什么意思呢？就是我们要想留住一个消费者就要留住他的心。我们往往都喜欢抓住客户的人，给客户打电话发微信，把他邀约到店铺里面。但是他来了，也不一定买，这就说明你留不住他的心。所以说我们要学会如何抓住消费者的心，这件事情对于后续的成交非常重要。

如果你无法洞察消费者的兴趣，就永远抓不住他们的心。要赢得消费者的青睐，最重要的不是不断更新和增加各种新品，而是要洞悉消费者的需求，抓住消费者的心。这就像打开一把坚实的大锁，只需要一把细小的钥匙，而非一根粗壮的铁棍。若商家能掌握消费者的心理，将心比心，设身处地地为他人着想，然后适当地使用一些技巧，就能在不知不觉中抓住消费者的心，打赢这场心理战。

箴言 6：一个品牌 VIP 客户有多少，是衡量一个品牌在一个地区的知名度以及品牌影响力最直接也是最重要的标准。

这个箴言就是说你的店铺在当地的知名度以及美誉度主要取决于 VIP 客户的数量。VIP 客户的数量越多，知名度和美誉度越高，你在当地的影响力就越大。那么，我们的店铺到底如何去增加和提升 VIP 客户数量以及品牌知名度和美誉度呢？给大家举两个例子。

我服务过中国一家鞋服上市公司，叫 ×× 鸟。当时 ×× 鸟在全国有 700 家连锁门店，其全国销量最好的店在辽宁省鞍山市的四隆店，这一家店一年的销售额是 2500 万元。鞍山市四隆店有 25000 个会员，所以一年能卖 2500 万元。另外一家伊春店一年能达到 1200 万元的销售额，他们有 5000 个会员。为什么 25000 个会员一年只能卖 2500 万元，而 5000 个会员的店一年竟然能卖出 1200 万元呢？

经过调研我们后来得出一个结论，鞍山店 25000 个会员，有 5000 个是活跃会员。而伊春店的 5000 个会员当中，有 2600 个活跃会员。我们很容易可以看出这样一个规律：真正决定店铺业绩的，是你的活跃会员数量。所以大家首先要想办法增加店铺的会员数量，其次要想办法增加你店铺活跃会员的比例。活跃会员的比例很重要，否则会员的数量只是一个数字而没有任何实际意义。你对会员付出得越多，你的会员的活跃度就越高。

再给大家举一个例子。×× 鸟全国排名第二的店铺在义乌的凯旋门，这位老板的两家店只有 2000 个会员，一年的销售额是 2400 万元。2000 个会员为什么能卖 2400 万元呢？我们研究发现，义乌凯旋门这个店的老板，他每天什么事都不做，每天就跟这 2000 个会员打成一片，有空就约会员钓鱼、打牌、烧烤、吃饭或者去唱歌。如果说他屡次邀约某个会员，这个会员总是约不上，他就知道这个会员也很忙。既然知道客户忙，那肯定没有时间照顾自己的父母，他就邀约这些会员的父母。其中有一个会员，一次他的母亲得了急症，进了重症病房，他在国外来不及回来，结果这个老板就在重症病房陪了这位母亲 48 小时，一直陪着到这位会员回国为止，他们全家人都非常感动。

通过这两个案例我们可以得出如下结论：

（1）店铺的会员数量越多，店铺的业绩越好；

（2）真正决定高额业绩的是活跃会员的数量；

（3）会员忠实的程度，就是会员的活跃度；

（4）对会员的投入越大，会员的活跃度就越高。

对于我们店铺来讲，将这个定律落到实际工作中可以采取以下几种措施：

（1）每个公司都要成立 1 个 VIP 服务部门；

（2）每个店铺都要设立至少 1 名 VIP 服务专员；

（3）每个店铺或公司都要有 1 笔 VIP 服务专款。

箴言 7：VIP 的维护是一个长期循环不断加深的过程，所以我们必须做到最全面、最细致入微并坚持不懈。

维护 VIP 客户不要想着一维护就有结果，它是一个长期循环不断深入的过程，我们必须要做到最全面、最细致并坚持不懈。所以之前跟大家分享的六句箴言都离不开第七条箴言。正所谓种瓜得瓜，种豆得豆，你将前期铺垫工作做好了，销量自然会上涨。

正如我们前面箴言 3 里讲的，你从现在开始做服务，客户今天虽然没有买，依然送客户一瓶水，那么他下次很可能还会来，不论是两周以后还是两个月以后，客户下次在逛街时过来我们的店铺，这就意味着之前的努力是有效的。所以我们前面说种瓜得瓜，种豆得豆，种下去瓜和豆，要长出果实来需要一个时间，急不来。

综上，要想做好 VIP，你需要遵守这七大箴言，而且要真正地理解并且践行这七大箴言。只有大家理解了并且是发自内心的才会真正地去服务你的客户。

VIP 营销十大关键

现代商业社会处在酒香也怕巷子深的时代，所以我们都知道对门店、对商品的营销和宣传很重要，“营销为王”的口号我们一直在喊。什么是营销？营销就是通过相互交换和承诺，建立、维持、巩固与消费者及其他参与者的关系来实现销售，从本质上来说，营销是一门“与人相处”的关系艺术。高级的营销一定是人情化、个性化、概念化、理想化的，下面我们来介绍这样的营销中必不可少的十大关键词。

第一个关键词：渴望

渴望就是有目标，有方向，有梦想。你的成就永远不会超过你的渴望。为什么有些人容易成功，而有些人成功不了，就是他没有渴望。为什么有些人有决心，而有些人没有决心，就是没有渴望。为什么有些人愿意拼搏，有些人愿意努力，有些人愿意学习，而有些人总有种种理由退缩，就是不够渴望。所以梦想越大的人就有越强烈的渴望。

第二个关键词：远见

今天你回望过去，也许感激自己曾经的奋斗和拼搏，也会对那些轻易放弃的事情感到遗憾。因此，站在未来看当下，你会发现你今天的学习和努力非常值得。未来一定是一个粉丝经济时代，谁拥有粉丝，谁的服务做得好，消费者就趋向谁，所以你要有远见。不必死死盯住这一次的成交，所谓放长线钓大鱼是永不过时的实践准则，要瞄准将来可得的丰厚回报，进而对当下的 VIP 客户真诚地付出精力和物力。

第三个关键词：聚焦

传统的营销方式让我们聚焦的是业绩和利润，未来我们要聚焦的是满意度、服务、感动。我们要聚焦的是如何精进我们的服务，是如何提高客户的满意度，是在服务方式上如何不断地去创新。如今营销聚焦的内容已经发生变化了，不要天天想着办法去套牢员工，去讨好客户，而是要聚焦真诚，聚焦未来。

第四个关键词：情绪

学会控制自己的情绪，少用个人感情看问题，而是多站在商业的角度去看问题。有一句话送给大家，你成功的速度决定于你情绪调整的速度，你情绪调整的速度越快，你成功的速度就越快。

第五个关键词：差异化

我们要学会在服务客户的时候体现出差异化，在未来都是优秀商品的前提下，我们比的就是谁的服务好。在直播非常疯狂的这个时代，人人都在盯着直播，而我们要研究服务，这就是差异化。例如，海底捞就比别的火锅历史久、口味好吗？也不尽然，只不过他家的服务远远优于别人，这也是一种差异化。

第六个关键词：仪式感

我们在比差异化的同时还要比仪式感，生活需要仪式感，我们商品的报价也需要仪式感，接待客户的方式要有仪式感，送礼品要有仪式感，回访客户要有仪式感，处理客户的投诉也要有仪式感。所以我们要学会造势，学会讲究仪式感。

第七个关键词：出格

要么不出手，出手必出格，就是要么不做，要做就要做到出格。不要给客户不痛不痒的一点好处，要么什么都不给，要给就给他一个极具冲击力的好处，让他无法拒绝，这叫出格。

第八个关键词：精进

我们不可能拿 30 年前的方案来指导今天的商业，时代在变化，商业环境在变化，所以我们的服务也要不断地精进。假如你今天做的这个商品，明天被别人模仿，你的销量就会受冲击。但是如果你的商品每天在精进，别人就永远也跟不上，永远也模仿不了。这也就是一直被模仿，从未被超越。

第九个关键词：持续

水滴石穿不是水的力量而是持续的力量，就是告诉我们只要持续坚持，水滴可以穿石，铁杵可以磨成针。只要我们持续坚持服务。哪怕客户的心是冰做的，也可能被融化。我们要持续学习，持续精进，也要持续地去创新。

第十个关键词：终局

终局思维就是我们要站在未来看大局。前面跟大家讲过，给客户送出去 100 瓶水，只要有 20 个回来，其中有 10 个人达成交易，每个人购买 500 元，一共就是 5000 元的收入。其中至少 2500 元是纯利润，而你付出的是每瓶 0.5 元的 100 瓶水，也就是 50 元钱。用 50 元钱赚 2500 元就是终局思维。

总结一下这十个关键词，就是你要有成功的渴望，要有远见，要聚焦服务、满意度和创新，同时要控制好你的情绪，商品和服务要有差异化，让客户体会到仪式感，要么不出手、出手必出格，整个这个过程要不断地精进，要坚持做下去、有持续力，最后要有终局思维。

VIP 立体盈利系统的六个关键指标

上面详细讲述了 VIP 盈利七大箴言和 VIP 营销十大关键，相信看到这里，大家已经在脑海中建立起了初步的“VIP 思维”。那么如何将这种思维真正运用到门店的实际管理中呢？下面我们从六个维度来说明，如何建立以 VIP 运营为核心的“门店 VIP 立体盈利系统”。

第一个关键指标：人

人，即我们的客户。所有商业交易都是以人为本，所以在交易之前，整理好客户资料、描绘出客户画像，根据门店的受众人群进行 VIP 客户的精准定位，就非常必不可少。现在不少门店的 VIP 管理流于形式，效果甚微，就是因为缺乏对目标客户的了解，“重成交、轻维护，重数量，轻质量”，造成 VIP 人数看似很多的假象，实际盈利却不见增长，反而在推广过程中耗费了不必要的人力和物力。

第二个关键指标：货

货，即我们的商品。商品的泛滥化、普遍化、同质化，容易导致同行之间的恶性竞争，以及消费者的审美疲劳。那么如何在一众商品中，让自己的商品更受青睐呢？首先，要抓住线下购物的天然优势，在推荐过程中充分调动 VIP 客户的感官刺激，强调产品的卖点优势；另外，从传统销售转向价值型销售，为商品赋予价值的标签，也是成功俘获年轻消费群体的必备工具。

第三个关键指标：场

场，即门店内呈现的购物场景。购物场景，潜移默化中大大影响着 VIP 客户的购物体验，更是无形地为商品赋值。毫无疑问，新颖、美观、舒适的购物场景更能促进客户的消费欲望，也更能提升门店的品牌形象，是门店在装潢设计、后期摆设中都必须精心考虑的。

第四个关键指标：术

术，即在接待服务和促成交易过程中的销售技术。真正的交易是从服务开始的，门店的 VIP 服务人员必须掌握一套标准化的、礼貌热情的接待流程，让客户享受到一流门店应有的服务水准；同时，服务人员应从客户的内心需求出发，真正找到对方的痛点，才能把服务做到客户心里，大大促进交易的成功率，并提升客户在过程中的交易体验。

第五个关键指标：心

心，即在跟进维护和处理客诉过程中的真心和诚心。交易成功只是开始，后续的跟进维护甚至比促成交易更加重要。只有做好 VIP 客户维护，才能持续赢得客户的忠诚度，有利于发掘客户的终身价值，实现门店的可持续盈利。

第六个关键指标：制

制，即巩固门店内部运作的管理机制。一个盈利的门店，离不开一个优秀的团队；一个优秀的团队，离不开一套规范的制度。规范的、正向的制度，必须同时满足人性化、标准化、竞争化等几个条件，需要门店管理者根据门店形象、员工素质做多方面的考量，谨慎和用心地制定。

【落地指导】

（1）背诵 VIP 盈利七大箴言。

（2）制定门店当年、当季、当月的 VIP 客户数量及创收目标。

第二章

“人”——对 VIP 进行科学分类，先建立 VIP 专属档案库

一个门店的人力、物力、财力等资源是有限的，如何以最小的成本，在有限资源的情况下，通过合理配置，实现盈利增长，是每个门店都面临的问题。

在门店的客户结构中，并不是所有的客户都能对企业的增长做同样的贡献，我们需要清晰地划分出哪些客户能创造更多的收入和利润。

客户精准分类的三大依据和八种人群

前面我们已经强调了当今的"粉丝经济时代"，在激烈的市场竞争中，谁拥有忠实的 VIP 客户，谁就拥有市场和业绩。事实上，越来越多的门店已经意识到了客户关系管理的重要性，也确实花费了大量的时间和精力，去办活动、做回访、拓展客户、维护感情，但是效果却并不理想。这是为什么呢？这是因为，客户类型和其所处的阶段不同，需求不同，如果采用"一视同仁""一刀切"式的营销方法，效果自然不理想。

那么，VIP 客户关系管理的核心是什么？两个关键，即"精细化管理"和"差别化对待"。对于我们来说，首先要做的就是了解不同的客户类型，科学、细致地将他们做等级划分，来更有效率地提高不同等级客户的活跃度、留存率和付费率。

这里介绍一个最经典的工具，也是在众多的客户管理分析模式中应用最为广泛的——由美国数据库营销研究所 Arthur Hughes 提出的 RFM 模型。这套模型主要采用了三个关键要素来作为客户数据分析的指标。

R：最近消费时间

R（recency），代表客户最近一次消费距离现在的时间。理论上来说，消费时间越近的客户，价值自然越大。比如，三天前消费过的客户，比一个月前消费的客户价值大。

这项指标不光能够判断某个客户的价值，也能显示某个门店最近一段时间内的发展趋势。比如，如果月报显示部分客户最近一次的消费时间变长，则代表门店最近有明显的客户流失现象，需要引起重视。

F：消费频率

F（frequency），代表客户在某个统计周期内购买商品的次数。购买行为频繁的客户，也就是我们所说的常客，价值自然高于偶尔光顾的客户，需要保持跟进与维护。

客户的消费频率直接反映了他对品牌和门店的忠诚度，消费频率越高，代表他对品牌和门店的认可度和满意度越高。

M：消费实力

M（monetary），代表客户在某个统计周期内消费的总金额。消费金额直接反映了客户的消费实力，和他为门店带来的创收。消费实力强的客户，很有潜力发展成为门店的大客户，需要重点关注和维护，有必要投入更多的物质、时间和精力。

RFM 模型为我们非常清晰地显示了不同客户的动态行为轨迹，时间越长，这条行为线会越清晰，能够帮助我们判断客户的长期甚至终身价值。

我们从这三项指标着手，不断进行分析、跟进和改善，强调以客户行为来区分客户，对于鞋服这样更新速度快的消耗品行业，以及客户的喜好、忠诚度不断变化的行情来说，是再合适不过的。

了解模型以后，我们进入到具体的客户等级划分阶段。现在把三个指标分别分解成高、低两个维度，搭配组合起来，我们便得到了八种不同的客户类型，如表 2-1 所示。

表 2-1 八种不同的客户类型

客户类型	R 值	F 值	M 值	行为描述
重点关注	↑	↑	↑	最近有交易，消费频繁，消费金额较高
流失预警	↓	↑	↑	近期没有交易，消费频繁，消费金额较高
增加频次	↑	↓	↑	最近有交易，消费金额较高
重要挽留	↓	↓	↑	近期没有交易，消费频次较低，消费金额较高
提升金额	↑	↑	↓	最近有交易，消费频繁，消费金额较低
一般发展	↑	↓	↓	最近有交易，消费频次较低，消费金额较低
一般保持	↓	↑	↓	近期没有交易，消费频繁，消费金额较低
流失放弃	↓	↓	↓	近期没有交易，消费频次较低，消费金额较低

1. 重点关注客户

第一类客户，不光最近刚来过，平时的消费频率也很高，且每次消费的金额较高，综合消费实力很强，毫无疑问是我们的优质 VIP 客户，是门店创收的重要来源，必须重点关注和维护。不过这种客户的数量较少，在所有客户中占到 5% ～ 10% 的比例就相当不错了。

2. 流失预警客户

第二类客户，平时经常光顾，且每次消费金额较高，但是最近一段时间没来，说明是门店以前的忠实 VIP 客户，且拥有不错的消费实力。我们要时刻谨记，客户的忠诚度是不会一成不变的，对于忠实客户的“流失迹象”，一定要保持警惕，及时维护，从多方面判断和思考客户最近没来的原因。

3. 增加频次客户

第三类客户，最近刚来过，且消费金额较高，但是平时光顾的频率不高，说明是有消费实力的潜在 VIP 客户，但是对门店的忠诚度一般。对于这样的客户，我们要重点发展培养，加强关系管理，争取把他变成我们的忠实 VIP 客户。

4. 重要挽留客户

第四类客户，最近没来过，平时光顾的频率也不高，但是在偶尔的一次购买行为中消费金额较高，说明客户有消费实力，但是对我们的门店印象模糊。对于这样“将要流失”或者“已经流失”的潜在 VIP 客户，应当重点挽留，增加他对门店的好感度。

5. 提升金额客户

第五类客户，最近刚来过，平时也经常来，但是消费金额不高，说明对门店的认可度很高，但是目前表现出的消费实力一般。我们可以深挖客户的需求，提高客单价（ATV,average transaction value），挖掘其消费潜力。

6. 一般发展客户

第六类客户，最近刚来过，平时不常来，而且消费金额不高，属于对门店好感度一般、消费实力一般的普通客户，只是有偶然的小额购买行为。对于这种普通客户，我们做常规的服务就好。

7. 一般保持客户

第七类客户，最近没来过，平时经常来，但是消费金额不高。我们可以稍微留意他最近没来的原因，自然保持就好。

8. 流失客户

第八类客户，他的三项指标都不高，说明什么呢？说明他不是我们门店的精准客户，目前可能已经处于自然流失的状态了，那么没有关系，我们不需要花费太多的时间、人力和物力去维护，应该把这些精力放在更精准的客户身上。

了解了这八种客户类型之后，大家可以回顾一下自己门店的客户，其中哪一类客户最多，从而对门店的 VIP 客户现状有个清晰的判断。

最后，需要提醒的是，由于每家门店的商品类型、价位、生命周期不同，RFM 的划分没有统一的标准：拿 F 值举例，女装店的客户购买频率平均值肯定是大于男装店的，那么女装店把 F 值定为 5 ～ 6 次，男装店则定为 3 次就可以了；或者拿 M 值举例，皮草类鞋服店的 M 值为 3500，那么时尚类快消鞋服店的 M 值可能定为 500 是比较合适的。大家根据门店的经营类目、商品性质、经营现状，规划出恰当的标准就好。

【落地指导】

（1）根据门店的经营现状，拟定具体的 R 值、F 值、M 值。

（2）对门店现有的客户进行 RFM 模型划分。

附：客户 RFM 模型初评一览表

客户类型	R 值（天）	F 值（次 / 月）	M 值（元 / 月）	人数	占比	原因分析
重点关注	↑	↑	↑			
流失预警	↓	↑	↑			
增加频次	↑	↓	↑			
重要挽留	↓	↓	↑			
提升金额	↑	↑	↓			
一般发展	↑	↓	↓			
一般保持	↓	↑	↓			
流失放弃	↓	↓	↓			

为每位客户量身定制 VIP 标签库是管理好 VIP 的前提

对客户进行精细化的等级划分以后，下一步要做的就是为每位客户量身打造专属的 VIP 档案，就像个人名片一样。

客户档案涵盖的信息包括客户的基本信息、交易历史、维护计划、分级管理等各项内容。建立客户档案数据库使企业能够对客户信息进行动态储存、跟踪与分析，向其提供良好的被动服务与主动服务，在这个过程中识别并全面满足客户需求。

建立客户档案的过程中，可以根据档案资料建立会员制服务体系，客户需要的商品一到货即可通知客户，让他们能感受到贴心的会员服务；定期通过聊天工具或邮件、短信通知客户店铺最近举行的各式促销活动，让客户了解店铺内商品的最新动态；在客户生日的时候，给他送上一份祝福或小礼物，让客户在细微之处感到店铺的贴心和周到；还可以根据档案资料分析客户的消费倾向来及时调整、优化自己的进货策略以及商品定位，并定期进行供需关系的维护。

运用客户档案的一个直接效益是实现对客户的动态管理。企业可以了解和掌握客户的需求及其变化，知道哪些客户在什么时间更换了哪些商品。此外，客户档案还能优化企业跟踪服务的能力，使客户有机会得到更快捷和更周到的支持与帮助。

建立客户档案的另一项重要功能是对客户进行分级管理。在二八法则中，我们已经知道企业 80% 的收入是由 20% 的客户创造的，而这

20% 的客户就是 VIP 客户，企业应该保证对其有足够的投入，优先配置资源，采取倾斜政策加强对关键客户的维护，并提供“优质、优先、优惠”的个性化服务，提高这一群体的满意度和忠诚度。

综上所述，建立客户档案主要有以下几个作用：

（1）可以缩减销售周期和销售成本；

（2）可以寻求扩展业务所需的新市场和新渠道；

（3）可以更好地了解客户，以提升客户的满意度及忠诚度。

有了客户档案，我们就可以有效地掌握销售情况，为以后的新品上市做促销，为留住回头客提供便利。

在客户档案里记载购物时间、购买商品名称以及金额等，到年底的时候可以据此来统计和核算，计算每位客户本年在我们店铺的总消费额。客户消费累计多少金额可以赠送一件礼物，或者发放一个红包，把赠品的发放时间、内容以及价值记录在案，回访的时候，感谢他这一年来对我们店铺的支持，恳请客户来年继续关注和支持我们的店铺。如果我们的商品质量很好而且售后服务完善，相信客户来年还会继续光顾我们的店铺，这都是让客户成为我们的忠诚消费者的有效办法。

备注也是客户档案里的一个重要组成部分，客户的一些特殊要求可以写在这里，比如需要某些种类的样品等。如果客户需要的商品没有货或者暂时缺货，而买家又愿意等待商品到货，那么就要把这件事情记录下来，来货后及时通知客户来买；如果有些状况是当时不能解决的，也可以记录在此，闲下来时翻翻也会提醒自己及早解决这些事。

有了完整的客户档案就能对我们的会员进行管理了，对不同的客户采取的售后管理方式也应当有所区别。并不是每个客户都需要我们随时跟进，这需要商家有一定的判断力，不要让客户觉得厌烦；而且当客户群越来越大时，商家也不可能有精力把回访和促销无区别地进行下去，这就需要商家对客户进行区分。对客户的回访可以使用电话、E-mail、聊天工具等，但并不是每个人都愿意接受回访或者收到促销信息。我们也要计算一下这样回访所产生的成本与效果是否成正比，把自己当作客户，想想自己在什么情况下会愿意收到促销信息，什么时候不喜欢被别人打扰。

一般来说，在建立客户档案表时，应注意以下事项：

（1）档案信息必须全面、详细。除了应包括客户姓名、地址、电话、微信这些最基本的信息外，还应包括其购买力、对本店商品的消费意向等这些更深层次的资料。

（2）档案内容必须真实。

（3）对已建立的档案要进行动态管理。

【落地指导】

为门店现有的 VIP 客户量身制作个人档案。

学会这四大基本功让店铺 VIP 数量每年至少翻一倍

商家当然都知道，门店的 VIP 数量越多越好，客户数量越多成交的机会就越大。那么，如何增加 VIP 数量却是个难题。很多商家表示通过发传单、做活动的方式来积累客户，但是反响平平，收效甚微。其实，增加客户数量有多种途径，下面我们从客户的“交易动态”入手，介绍针对不同状态的客户，分别应该采取怎样的措施。

留下每个未成交客户的资料

第一个基本功是留下未成交客户的资料。首先我们来看这样一个问题，那些来过我们店里，但没有购买商品的客户，能不能留下他的资料，或者是说他们愿不愿意留下他们的资料？有人说别说那些没买的，那些买了的客户，他们都不愿意留下资料，这些没有买的客户怎么可能留下他们的资料呢？那到底是我们的客户不愿意留资料呢，还是我们的员工不愿意花精力去留客户的资料呢？如果说这些客户过来了没有买，但是员工对他们每一个人都亲切咨询是否可以留下资料，有多少人会留呢？如果留下没有购买商品的客户资料之后，我们后续又能成交多少，给我们带来多少业绩呢？我们来看几个例子。

首先来看这样一个例子。

男装店的平均成交率是 20% ~ 30%，假如一家男装店一天进来 10 个男客户，真正成交的有 2 ~ 3 位。但是经过我们的大数据统计，男性客户里面至少 80% 是有购物需求的，但是只成交了 20% ~ 30%，也就是说还剩下 50% ~ 60% 潜在的精准客户。如果你不留下这些客户的资料，那他们以后跟你也就没有任何瓜葛了。如果你留下了资料，就还有机会继续去营销他们和服务他们，甚至最终达成成交。

第二个例子我们再来说女装店。

首先男性客户购物和女性客户是不一样的，男性购物大多数属于理性购物，而女性大多数是感性购物。如果是一家女装店，其中有多少客户是有需求的？大概 40% ~ 50% 是有需求的，真正成交的最多 20%，也就是还有 20% ~ 30% 潜在的精准客户。许多商家苦恼于没有客户，没有人流量，但关键是他们没有留住潜在客户的信息，所以我们第一步就是想办法留住未成交客户的信息。

我们来算一笔账。如果说来男装店的客户 80% 是有需求的，我们成交 30%，还剩下 50%。如果你能把这部分客户留住，或者是想办法让他们下次再来，在这 50% 中如果再成交 30% 的话，你的业绩就会翻一倍。哪怕客户只回来了 15%，那你的业绩也增加了 50%。可以想象，只要我们留下未成交客户的资料，你的业绩至少有增加 50% 的可能性。

那现在问题来了，现在客户很注重自己的隐私，购买了商品的客户都不愿意留资料，何况是没买的，就更加不愿意留资料了，这也是我们很多员工跟老板汇报的时候说的话。回到前面的话题：究竟是客户的意愿还是员工的思维在起作用呢？这值得大家思考一下。

首先你要引导员工思考问题的方向，让他们知道留下客户的资料有什么好处。具体来说有以下十个方面。

1. 留下客户资料的好处

（1）可以增加客户资源；

（2）有利于了解客户的意见和建议；

（3）有助于提升业绩；

（4）可以更好地做针对性的服务，因为留下客户资料，你就知道他需要什么；

（5）可以挖掘客户的潜在价值；

（6）可以在搞活动的时候随时通知他；

（7）方便引导客户到店铺进行消费；

（8）方便联系客户，留下资料就可以联系他；

（9）有利于做销售和推广；

（10）有助于提高店铺的竞争力。

以上就是留下客户资料的最基本的好处。当我们只是有意愿做这件事情时还不够，我们还得有方法，所以接下来给大家分享具体的方法。

2. 留下客户资料的方法

接下来给大家分享的是留下客资的八大方法。

（1）服务成交。首先我们讨论一下，为什么客户不愿意给我们留资料？这种抗拒行为表明他对你没有产生信任，他觉得你很陌生。他担心把资料留给你之后会有安全隐患。那我们怎么样去解除客户的这种担忧呢？很简单，就是提供给客户贴心细致的服务，打消他的顾虑，让他对你产生信任感，这就叫服务成交法。

（2）好处成交法。想让客户成为你的 VIP，让客户变成店铺的粉丝。那么如何让他成为店铺的会员，加你的微信呢？你得告诉你的客户，成为 VIP 的好处，例如可以告诉客户，现在可以免费加入我们的 VIP 会员，会员可以自动积分，积分可以自动兑换礼品。同时，加了我们店铺的微信，还可以参加沙龙活动，我们推出特价商品回馈客户的时候也会优先通知你。除此之外，我们还为你配一位专属的搭配顾问，等等，如果恰好有一点符合客户需求，客户自然就愿意留下资料。

（3）假设成交法。什么叫假设成交法？举一个例子，我想了解一位女性客户的年龄，我就会问：“女士我看你今年 30 了吧，我阅人无数，从来没看走眼过，我看你最多 30 岁。”结果客户说：“不对，我今年 38 了。”我说：“我不信，你不可能 38，你最多最多 31 啊。”客户说：“我真 38 了，我属猪，生日是农历三月初七……”你想知道客户的什么信息，如果不方便直接询问的话，不妨先做一个假设，她为了证明你是错的，自然就告诉你正确的，这叫假设成交法。

（4）保证成交法。客户不愿将资料留给我们，最担心的是什么？绝大多数客户无非就是担心个人隐私被泄露出去，日后被一些广告或是推销骚扰。这个时候你要跟他保证不会造成骚扰，保证不把会员资料泄露出去。如果客户觉得安全，就会愿意留下资料。还有一句话叫明示不如暗示，例如你准备一个登记本，上面记录客户的资料信息，你可以边登记边问客户：“王姐，您平时方便接电话吗？”客户说不方便，那可以当着客户的面把电话画掉，暗示她不会给她打电话。

（5）引导成交法。什么叫引导成交法？就是客户过来了，我们要引导他一步一步地达成交易。比如说你要想知道客户的姓名，就可以问：“王姐名叫王什么来着？”她说：“我叫王琪。”继续问：“你的手机号码是 138……”，客户就会接上：“1381825……。”利用技巧引导客户，你说上半部分他会把下半部分告诉你，这叫引导成交法。

（6）专家成交法。如果你是专家，别人也愿意加你的微信，因为加你的微信就意味着得到你背后的资源。你要想办法成为专家，如果你是做鞋的，你要想办法成为做鞋的专家；如果你是卖衣服的，你要想办法成为搭配专家；如果你是卖运动装的，你还得想办法成为健身专家；如果你是做童装的人，得想办法成为教育专家。成为专家，你的客户自然愿意留下资料，跟你建立后续的联系。

（7）情感成交法。如果你通过前期的服务，与客户产生了一定的感情链接。当客户认可你之后，他肯定愿意成为你的 VIP。

（8）员工竞争成交法。千万不要小看员工的能力，只要把员工的状态调整好，让员工愿意为留客资这件事努力，即便前面七个方法都不管用，他还能想到第九个方法把客户的资料留下来。

如果你们掌握了这八大方法，我可以肯定你至少能留下 80% 以上的客户资料，这就意味着店铺的业绩至少能增加 40% ～ 50%。

另外，我们这八个方法可不可以同时使用呢？就是首先客户进来的时候，我们给他非常细致、周到的服务，然后又告诉他成为我们的 VIP 有许多好处。假设他已经是我们的 VIP，暗示我们不会骚扰他，引导他直接进行资料填写，同时你就是专家，客户本来也愿意跟你交流，所以这八个方法其实可以同时使用，效果更好。

3. 跟进执行机制

留下客户的资料并不是结束，我们还需要跟进，才能将资料转化为销量。接下来我们来看如何跟进客户。

第一招，让客户留点钱

当我们通过刚才的八个方法，客户已经愿意留下电话号码。但是他留下电话号码，留下微信还不够，我们要学会"得寸进尺"。什么叫得寸进尺，就是想办法让客户留点钱。那怎么样让客户留点钱呢？我给大家举一个例子。

2017 年，我遇到一个学员，执行力非常强，听完课之后回家立刻开始落地。第一个落地的就是：想办法让客户留点钱。他采取的方法是充值 19 元送一瓶明星专用的 ×× 洗衣液，洗衣液的价格是 48 元，在京东和淘宝上都可以查到它的价格。而充值的这 19 元，还是属于客户的钱，在店里可以任意消费。

结果在短短的六个月之内，他的客户数量翻了五倍，并且业绩整体增长了 1.8 倍，后来，他把这个案例分享给其他同学，很多学员都采用了同样的方法。卖鞋的、卖衣服的都采用了同样的方法：送 ×× 洗衣液。对于店铺来说洗衣液的成本是工厂一手价 9.8 元，而且质量非常好，达到直销品质，客户非常满意。同时呢，老板也没有出太多的钱，因为成本还是客户出的。

第二招，给员工设立奖励机制

一定要给员工设立奖励机制。那怎么奖励呢？

还是上面的案例：只要员工让客户充值 19 元钱，立马给员工奖励 10 元钱。这样一来他就很有积极性了，他卖一件商品也不一定有 10 元钱提成，但是鼓励客户充值 19 元钱他就有 10 元钱的提成，对于员工来说奖励额度算是比较高的。这样带来的结果是什么呢？就是奖励制度施行之后，每天进到店里的客户几乎 90% 的人都充了 19 元钱，不管他是否够购买了商品，这样就积累了大量的潜在客户，而员工也因此有了额外的收入。可谓一举三得。

为什么你们家的员工干活没有积极性，就是你做任何事情不考虑对员工的奖励，不考虑员工的付出。员工一旦有了积极性，就会努力说服客户充钱，客户充了钱，就有相当的可能性回来购物。

第三招，让员工跟进，让客户把钱花掉

我们毕竟不是为了客户的十几块钱，我们的目的是让客户回来把钱花掉。请问你们家有十几块钱的衣服吗？你们家有十几块钱的鞋子吗？没有。所以客户回来了之后，他买一双 199 元钱的鞋抵掉 19 元还需要付 180 元，他买一双 299 元钱的鞋，抵掉 19 元，还要付 280 元。按照这个思路跟进就有钱可赚。所以第三步我们要跟进员工，跟进客户。让员工跟进客户，想办法让他来把钱花掉。谁跟进的客户把这个钱花掉了，那么我们再给他发一笔奖励。首先，谁充值谁跟进，这个 19 元钱是你充值的，客户归你。第二，谁跟进业绩归谁，就是接下来这个客户如果再买一件 500 元钱的衣服，提成又赚了 10 元钱，额外再奖 10 元钱，他就有 30 元钱可以赚。这样员工就会非常有积极性，他就愿意把这件事情做好。

跟进好成交的客户

接下来给大家分享的第二个基本功，跟进好成交的客户。

在销售实践中，有一个让人费解的现象：虽然很多商家都能凭借自己的三寸不烂之舌说服客户购买商品，但是客户的重复购买率并不是很高。其中的原因，其实很简单：这些所谓的销售高手，并不懂得做好跟进工作，以至于自己的客户资源不断流失，往往很难做出大的业绩和成就。在销售工作中，定期回访客户是不可或缺的内容之一，许多事实已经证明，这项工作对于销售工作的持续拓展有很大的帮助。其中的原因也不难理解，商家和客户不断沟通的过程中，彼此的感情会变得越来越深厚，客户对商家会产生更多的信任。随着良好关系的逐渐稳固，商家便可以通过客户的人脉资源，获得越来越多的销售机会。

在销售活动中，跟进客户的方式没有定式，商家可以根据自己的情况和客户的需求，采取适当的方式。一般来说，比较常见的方式有电话回访、上门回访和信函回访等。

跟进客户时，有些技巧是非常实用且有效的，商家应该认真学习和努力掌握。

技巧一：商家可以和老客户时常联系并到其家里拜访，随身带一些店铺新商品的资料，争取赢得回头客。技巧二：商家可以到老客户的公司等公共场合去拜访，创造结识更多客户的机会，打造自己的关系网。

技巧三：商家对客户进行跟进时，不能将自己的目的表现得过于明显，也不能占据客户过多的时间。

激活休眠客户

第三大基本功是休眠客户的激活。什么叫休眠客户呢？休眠客户就是曾经在我们家买过商品，但是已经很久没再来光顾了。曾经买过，就说明曾经很认可你，很支持你，而最近很长时间没来，说明客户已经有别的选择了。那这种情况应该怎么办？我们得想办法激活我们的休眠客户。

具体操作如下。

第一步，对休眠客户的界定

你首先得判断哪些客户是休眠客户，我们要有的放矢，对精准的客户进行精准的服务方式，这叫休眠客户的界定。主要有下面三种界定方法。

（1）根据消费频率来界定。消费频率低于或等于平均消费频率就说明这个客户休眠了。

（2）根据休眠时间的长短判断激活的难度。就像三个人中暑晕倒了，3 秒钟、3 分钟和 30 分钟，哪一个人容易救活？毫无疑问，我们会选择时间最短的人。所以说你也要判断，根据休眠时间长短判断激活的难度。

（3）根据曾经消费的金额或者频率判断客户的重要性。因为时间是有限的，我们需要考虑如何在有限的时间内，去创造更多的财富。客户曾经消费的频率或者金额越高，就意味着他越重要，那么为了激活他所花费的人力、物力、财力就越值得。

第二步，休眠客户的激活要有一定的方法

这里要讲的就是员工用什么样的方法把客户找回来，可以参考以下几种方法：①我们可以通过 VIP 专场去激活他；②我们可以通过给 VIP 送礼物去激活他；③我们可以通过清库存来激活他；④重要的客户我们可以登门拜访；⑤我们可以通过新店开业活动时请客户来剪彩；⑥我们还可以通过员工头脑风暴去激活他，等等。

第三步，休眠客户的奖励机制

休眠客户的奖励机制主要可以通过以下方式来建立。

第一，谁激活算谁的。这个客户是张三激活的，那么以后这个客户过来在我们店里消费，张三都有一份提成。付出对应回报，这样员工才有积极性。

第二，可以根据激活的数量进行奖励。比如说你激活一个客户奖励 5 元，激活两个奖励 10 元，依次类推，数量越多奖励越多。

第三，根据质量进行奖励。比如激活一位休眠了 6 个月的会员，这种难度肯定比 3 个月的要大，客户都已经半年没有来了，还可以激活说明你水平很高，说明你付出了很多努力，这个时候我们给你一笔额外的奖励，也就是说奖励自然要比激活 3 个月的休眠客户高。

第四步，分人定目标

既然要想激活我们的会员，我们就要开始分配任务，就给员工定目标。那怎么样分人定目标呢？

首先，根据数量进行公平公止的分配。你有 600 个休眠会员，有 4 个员工，每个员工就分 150 个，这样在人数上就机会均等。其次，分配的时候我们还要根据激活的难度进行排序，有些人很容易激活，有人不容易激活。按照激活难易程度排完之后 S 形分配，也就是排名 1234 分给 abcd 四个员工，5678 分给 dcba 这样的 S 形顺序依次分配，这样确保大家分配到的客户的激活难度大体相当。最后，还要兼顾员工意愿。比如说有的员工说他不想接触 4 号客户，更愿意激活 5 号，那么在其他员工同意的前提下，可以进行适当的调换。我们给员工定完目标，那么他们就是在为自己来激活客户了。

第五步，竞争机制

首先，我们要制定联系客户的频率。把这 150 个客户分配到员工手里之后，你就要好好地去维护这 150 个客户，就意味着你要把他服务好，需要你来激活他。你如果不激活就会浪费我们的时间成本和客户资源，所以我们要制定员工与客户联系的频率，就是给你一定的时间来完成目标，比如说要在一个月之内，把这 150 个客户联系一次，这就是频率。

其次，我们注重联系客户的方式和质量。在联系客户的时候首先可以选择短信群发，但是短信群发质量不高，客户可能不回复你。所以当对方不回复你的时候，除了短信群发，还得给他私信。如果私信再不回，甚至要给他发语音。你要跟客户有互动，才是有质量的沟通。

最后，根据激活的比例进行重新分配。比如经过 3 个月之后发现分配给张三的 150 个客户中他激活了 100 个，李四的 150 个客户激活了 50 个，王五只激活了 5 个。这种差别说明什么？说明张三特别适合做这份工作，也很努力很认真。而王五则不太适合这份工作，或者是不努力，不认真。那么我就需要将王五的 100 个客户转移给张三。我们要鼓励和支持那些更有能力的员工，能者多劳，多劳多得。而能力不足的员工，如果你不调整，只能被淘汰。所以需要有一个竞争机制，要随时有所调整。

活跃客户的转介绍

客户转介绍是所有销售高手都必须要用到的一种方法，一个新开的店铺，他有 70% ～ 80% 的客户都是来自于对陌生客户的开发，但是一个成熟的店铺 70% ～ 80% 都是老客户的转介绍。活跃客户的转介绍就是我们在客户非常忠实的前提下，挖掘他身边的其他资源，让他帮我们进行转介绍。下面我们来看一下，如何让活跃的客户进行转介绍？

第一步，确定活跃客户

首先要确定哪些是活跃的客户。我们如何去界定活跃客户呢？大于或等于平均消费频率的就属于活跃客户。活跃客户大致分为三种，第一种是大于或等于平均消费频率；第二种是对品牌知名度和美誉度非常满意；第三种，经常进店里来看看的也是我们的活跃客户。

第二步，灵活运用方法

促进客户转介绍的方法主要有两个，第一是给予员工好处，也就是通过奖励员工对活跃客户的维护和营销来促成转介绍。第二是给予客户好处。那么怎样做才算是对客户有好处呢？通常有以下有几种方法：第一种是直接返现，第二种给积分，第三种换礼品。

第三步，落实奖励机制

举个例子：客户在一家店充值 2000 元，但是如果客户介绍一个新客户过来充值 2000 元，我返还给他 10% 的充值金额，也就是 200 元。返还的比例按人数逐渐提高，介绍来第二个新客户的时候我就返还 20%；介绍来第三个人的时候返还 30%；介绍来第四个人的时候返还 40%。也就意味着这个客户他充了 2000 元之后，他介绍来第一个人就返他 200 元，第二个返 400 元，接着第三个返 600 元，第四个返还 800 元。介绍完四个客人过来，我把 2000 元现金都已经返给他了。但是我们再算笔账，虽然充值金额全部返给他了，但是这四个新客户成交了 8000 元。也就是说，客户总共交了 8000 元，拿走 1 万元的货。

这跟第二步的原理是相同的，给客户奖励也就是给客户好处，可以返钱，可以返积分，可以换礼品。

第四步，分人定目标

原定目标活跃的客户总共就 20 个，那么店里 5 个员工，每个人分 4

个，要保证公平公正，保证 S 形分配。但是活跃客户有一个关键点就是我们要兼顾情感与喜好，比如你跟这个客户更熟络，就优先分配给你，这样客户也会觉得舒服。

第五步，竞争机制

跟进客户转介绍的具体情况，一是转介绍的频率，也就是每一个客户具体给你转介绍了几个新客户；二是要跟进他转介绍来的客户的质量；三是根据转介绍的比例进行重新分配。比如说前三个月分配了 20 个活跃客户给某个员工，结果他做得不好，那么就分配几个给另外一个做得好的员工，让他们去做，让一部分员工先富起来。所以在店铺里面一定要树立标杆，这样才能实现利润的最大化。

【落地指导】

（1）将店内现有的 VIP 客户按照交易动态划分为四种类型。

（2）制定每月留客资的数量目标。

（3）定下每日、每周、每月留客资的目标。

（4）制定留客资具体的流程、话术和机制。

（5）立刻区分出自己店里的休眠 VIP 和活跃 VIP。

（6）制定出激活休眠 VIP 的流程及机制。

（7）制定出活跃客户转介绍的流程及机制。

第三章

“货”——“多维化”呈现商品，为 VIP 客户展示独特价值

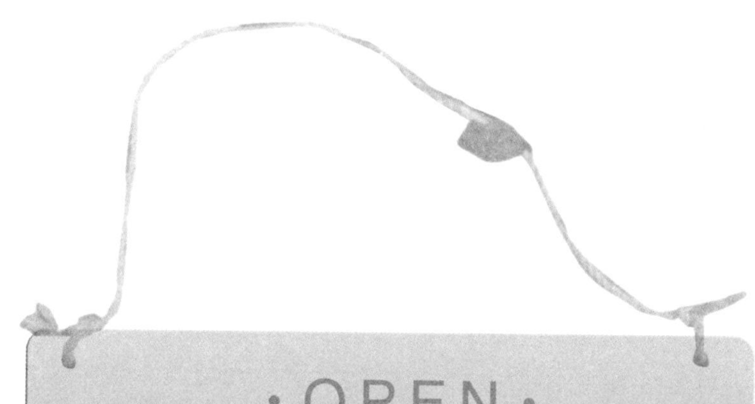

货品的打造依赖于各方面的共同作用，为了通过货品的打造来树立口碑，就应该从理念、个性、比衬等角度对商品进行定位和加工。商家想让广大消费者知晓自己的品牌，就应该对消费者坦诚相待，通过货品的定位来传播自己的“商品观”，以便消费者更全面地理解商品和商家本身。那么，如何进行商品定位，如何将客户的“商品观”和“价值观”统一起来呢？

用多维度和差异化商品定位让客户体验独特价值

多维度呈现商品的优势

商家应该将商品分解为外形、性能、品质、材料、用途、价格、耐用性、便捷度等若干部分，然后按照不同的部分，多维度列出各自的特征及相较其他商品的优点，进而阐明这些优点能给客户带来怎样的利益，最后提供相应的证据来证明自己的介绍是有事实依据的。

不同商品所呈现出来的优势也是不同的，而对于商品优势的呈现，正是彰显同质商品区差异的最直接方式。在当今社会，商品无比丰富，同质类商品也各有特点，而通过不同角度、性能、品质等方面的商品展现，能让客户真切感受商品的价值，这对于 VIP 客户来讲，更能决定其是否选择我们的商品。以鞋服商品来讲，我们可以详细从以下几点来呈现商品的优势：

（1）价格优势。价格直接影响成交，价格也能决定客户的购买能力。在商品功能、品质相同的情况下，你的商品价格低于其他品牌商品，自然更容易获得客户的认同。价格优势的展示，在销售过程中也是常见的，比如你经常会对客户说：“我家这款商品要比别人家同质量同类型的商品便宜至少一百块钱。”类似这样的话其实就是在给客户进行价格上的比较，让客户感受到你的商品具备的价格优势。

（2）功能优势。即在同等价位下，你的商品的功能更实用，或者功能更多，更能满足客户的需求，那么你的商品要更具优势。你或许会认为功能越多，就越具备功能优势，这可能是其中一个方面。从另一方面来讲，商品的功能优势还体现在商品的功能是否食用上。例如我们看到商场上有些衣服定义为双面可穿，这样让客户觉得功能性很强，即我既可以穿这一面还可以穿另一面，但是其是否实用呢？恐怕就有待商榷了。

（3）款式优势。每一个季节，每个时代都有其流行的款式，当你的商品符合时尚潮流，符合更多客户的审美时，你的商品在市场上就更具竞争力，自然也会受到 VIP 客户的喜爱。在款式上，每个客户有每个客户惯有的喜好，在这一点上，我们不得不尊重客户的个人喜好和审美。

（4）质量优势。对于商品来讲，质量是客户最看重的一方面。无论商品的价位如何，如果质量不佳，无法满足客户的舒适度，客户也不愿意去接受。要想让自己的商品在市场上具有竞争力，让商品获得更多客户的认可，最重要的是保证商品具有质量优势。在质量优势这点上，我们更要注重的是客户的舒适度体验，这也属于质量的一部分。当我们的商品能够带给客户足够的舒适度时，那么我们的商品质量也可以说是能满足客户需求的。

（5）品牌优势。对于 VIP 客户来讲，他们在成为 VIP 之前，就会对自己所购买的商品品牌有所了解和认知。因此，你在销售的过程中，要让 VIP 客户意识到品牌的价值，从而让其更愿意接受这个品牌的商品。一旦客户从内心真正地认同这个品牌，那么这个品牌的商品在其内心便有了优先权。比如客户在想购买某个功能商品时，他首先会想到你这个品牌，久而久之，这种品牌优势会让 VIP 客户形成一种购物习惯。

（6）包装优势。你不要小看包装的重要性，包装符合客户的需求，也能够赢得客户的认可和信任。记得一次我去某品牌店买鞋子，我之所以会愿意去这家店买东西，是因为他们店里的手提袋不是纸质的，而是很漂亮的布艺袋子，无论我要走多远的路，我都不会担心袋子会坏掉。当然，包装的高端大气也会吸引很多客户去购买你的商品。

（7）技术优势。在鞋服领域，大部分技术点似乎不能很直接地体现在商品上，但客户可以感知到。比如，你的鞋子经过技术研究，具有了除臭、防臭功能，那这点可能无法被客户看到，但是客户在穿的过程中会感受到，这就是你的商品具备的技术优势。技术优势还体现在商品的设计技术上，很多都是细节上的体现和设计。对于普通客户来讲，他们可能对你讲述的技术优势不会有太大的信心，但是对于 VIP 客户来讲，他们往往对这一点会很看重。

多维度将商品的优势呈现给重点客户，这需要让客户亲身感知商品，而客户的体验更多地能够让他从真正意义上接受商品。当客户真正了解商品之后，他才愿意为商品买单，享受商品带来的服务和价值。

1. 让客户亲身体验

所谓“百闻不如一见”，优秀的商家通常会为客户创造亲身体验商品的机会。只有客户对商品亲身进行体验，才能产生比较真实的感受，进而对商品留下较好的印象，所以商家一定要积极鼓励客户亲身体验商品，而且要在客户体验的过程中对客户进行适当的引导，以便更好地满足客户的需求。

在竞争如此激烈的今天，让客户在使用商品的过程中直接感受商品，通过这种用户体验的方法来让 VIP 客户感受商品的价值，客户内心自然会将商品的价格和价值联系起来，当客户感觉自己所付出的金钱与换来的价值对等或相对对等时，他自然会毫不犹豫地选择你的商品。当然，在客户体验过程中，他本身就会对商品进行多维度的评估，评估商品的过程也是我们向客户展示商品优势的过程。

在客户体验之后，我们要进行客户体验管理，而对客户体验管理有助于我们对商品客户想法进行深入了解。做好客户体验管理，能让你更了解客户，帮助 VIP 客户达到最佳的体验效果。

优秀的客户体验管理需要从以下七点着手：

（1）理解品牌价值：了解客户为什么光顾你的店铺，试穿你的商品。当然，客户认可你的商品，其实也是对品牌内涵和价值的一种认可。

（2）了解目前客户体验和期望：客户体验要达到怎样的预期，而这次体验是否满足客户的预期效果。比如客户在体验之前，觉得这件衣服穿身上会很显瘦，但穿起来却发现显得自己很胖，这自然就是降低了客户体验期望值。

（3）确定关键体验：了解客户在意的关键性体验点是什么，是舒适度，还是价格？了解了客户的关键体验，也就是清楚了客户最在意的是什么商品的哪种特性。

（4）理想与实际差距分析：理想体验效果如果是 100 分，而这次客户体验后感觉只能达到 80 分，那么理想与实际分数出现差距的原因是什么？对客户理想与实际感受差距进行分析，能够让你了解商品的短板，同时也更能了解不同客户的喜好与意愿是什么，这样在下次推销的过程中，对你是有帮助的。

（5）制定需求弥补差距：基于理想与实际差距，做出弥补差距的需求保证。这一点也是你进行销售挽救的手段，当你发现客户的体验与预期存在差距后，你可以通过商品的其他特点来进行挽救，避免客户放弃购买。

（6）需求与企业策略 / 能力结合：将客户需求与商品的性能、企业策略进行综合思考。

（7）用于持续改善的回馈机制：不断改善客户体验，提升客户体验效果，并制定回馈客户的措施。

2. 带动客户参与问答活动

推介商品的过程中，商家可以适当地提一些问题，以增加客户的参与度，让客户产生更多的互动欲望。让客户参与到问答活动中来，不但能让商家更好地把控推介商品的过程，还能引起客户更多的关注。当客户对商品产生更多兴趣时，商家便可以更好地引导客户，促使其做出购买的决定。

通过问答活动可以让我们对客户的需求、体验感受有更明确的了解，这个过程也是我们了解 VIP 客户购买意愿强弱的步骤。我们可以通过与客户的问答互动，活跃交易气氛，通过问题反馈，让我们的销售更加有的放矢。毕竟问答过程就是我们给 VIP 客户深层讲解商品优势的过程，也是客户对商品优势加深印象的过程。

提升 VIP 的商品参与感，要比我们单方面的讲述商品优势要更有效果。客户在回答问题时，也是我们活跃现场气氛的最佳时机，活跃的气氛也有助于商品销售。问答过程也是有技巧的，注意不要让你的问答交流方式使客户感到尴尬。

在问答客户的时候，不要用过于专业的术语和客户交流，因为客户可能不知道你要问的是什么问题。再者，问客户的问题，起码你要知道准确的答案，否则你无法去赞成客户或向客户进行进一步的讲解。当然，在问答活动中，你也可以了解到客户对商品的需求点在哪儿，这对你的推销是有利的。

3. 你要足够了解和信任商品

客户在体验的过程中，时常会提一些与商品性能有关的问题，商家只有对自己的商品有充分的了解，才能及时给予解答，提升客户的满意度。对商品的了解不仅仅停留在商品表面，更重要的是对商品的性价比、舒适度等方面的了解。同时，商家一定要满怀信心地回复客户，让客户感受到商品确实值得信赖。只有这样，客户才会相信商家的推介。随着互联网的高速发展，客户对同类、同质商品的了解越来越多，对商品体验的要求也越来越高。只有给予客户足够优质的商品体验，客户才会接受商品、爱上商品，并主动花钱购买商品。

商家还可以采用货比三家的策略加以应对。通过与同类商品的比较，可以让客户更加清晰地看到自己商品的优势，从而达成交易。当然，这种技巧也需要注意一点，那就是要选择那些质量相当，而价格更高的商品，这样才能凸显出自己商品的价格优势。当然，在货比三家的过程中，客户内心会很清楚哪一款的优势在哪儿，劣势在哪儿，这个时候，你不要急于去否定客户的观点，而是要尊重客户的对比结果。

你要了解商品，可以从以下几方面入手：

（1）以商品为依托的品牌价值。商品只是最浅层的价值体现，你要了解商品背后的品牌内涵以及品牌价值。不可否认，VIP 客户多半是被企业品牌价值吸引，而绝非是单纯的某件商品。因此，了解商品依托的品牌，能让你在推销的过程中，更深层地理解商品的设计内涵。

（2）围绕商品可现的元素。围绕商品所能引起客户关注的一系列元素，是你必须要了解的。比如商品的质量、款式、价格、功能等，这些因素也是客户直观上能感受到的，同时也往往是他们最为关心的方面。

（3）以销售环节为直线的服务价值。销售环节一般会分为售前、售中、售后，当客户购买商品之后，他们最关心的可能是售后服务了。因此，你要足够了解售后服务的范围与时长，帮助客户解决购物的后顾之忧。

你足够了解商品不是最终的目的，最终的目的是让 VIP 客户认可商品，而要想让客户认可你的商品，就要让客户对你的商品有足够的信任，而让客户产生信任感的商品是依托多方面因素的。除了上面提到的围绕商品而产生的元素之外，还取决于你的个人职业素养和职业技能。

一个职业素养很强的销售，他能够很快抓住客户的需求，然后凭借自己对商品的了解，运用娴熟、多变的话术与客户进行良好的沟通，拉近与客户之间的距离，让客户很快能够相信他，继而相信他推销的商品。当然，你信任自己的商品不仅仅要自己知道，更重要的是让客户知道你信任自己销售的商品，这一点很重要。所以你要通过与客户交流、邀请客户体验商品等方式来让客户明白，最起码你是十分信任自己的商品的。

你要通过多个角度去向客户呈现商品的优势，其目的是什么？很简单，你的目的就是让客户接受你的商品，满足 VIP 客户的内心需求。因此，在销售过程中，要让客户认清自己的需求是什么，同时了解商品的优势在哪儿，如果你销售的商品优势正好符合客户的需求，自然客户会信赖你的商品。

呈现商品的“五感”——五感销售

所谓五感营销，是指企业商家在市场营销中，利用人体感官的视觉、听觉、触觉、味觉与嗅觉展开销售，其诉求目标是创造体验的感觉，有效调动购买欲望。五感营销的概念最早是由美国著名的营销大师马丁·林斯特龙提出的，这种通过五官体验的方式，借助语言构图的技巧，可以为客户营造出生动的画面感，同时，刺激客户的购买欲望。

在使用五感销售的过程中，一定要知道你让客户“感受”到你的商品才是重点。当 VIP 客户陶醉在你的商品中，无论是视觉美的陶醉，还是触觉的享受，这都能激发客户对商品产生深刻的印象与购买欲望。因此，在运用五感销售的过程中，你要尽量地让客户模糊的幻想转变为具体的、图像化的感受，这样能加强客户拥有商品的欲望。当然，五感销售是彰显商品独特魅力的不二之选。

1. 感官营销的模式

感官营销可以分为视觉、听觉、触觉、味觉等几种模式。视觉营销指通过视觉刺激的方式达到销售目的，包括陈列设计、卖场 POP 设计和店铺设计等。听觉营销指利用美妙或独特的声音，吸引消费者的听觉关注。触觉营销指通过在触觉上为消费者留下难以忘怀的印象，宣传商品的特性并刺激消费者的购买欲望。味觉营销指以特定气味吸引消费者关注、记忆、认同以及最终形成消费。

科学家经过研究发现，人的各个感觉器官能够从外界获取信息的能力是不尽相同的，其中视觉信息能占到 60%，听觉信息占比 20%，触觉信息占比 15%，味觉信息占比 3%，嗅觉信息占比 2%。也正是因为这种原因，在销售过程中，运用五感元素进行营销，刺激客户的所有感官，调动客户的感官记忆成为一种创新销售手段。

上海 K11 购物艺术中心和众多的主流购物中心相比，体量偏小，只有 3800m^2。在众多业态中，K11 从消费者的感官角度，打造全方位的体验感受。在视觉方面，K11 力求不断让消费者看到新的东西，在商场所有重要的通道、各个楼层、主要的商家门口都摆放了艺术品，还有专业的导购讲解，客户也可以拿着地图做 DIY 的体验。

在味觉方面，K11 有自己专属的味道，是非常好闻的香草气味。K11 做过一个调查，女性比较偏好这种味道。消费者在商场停留的时间更长，使得 K11 可以和消费者进行更多渠道的互动。

在听觉方面，K11 在每个楼层都安装了音乐系统，配合业态。一楼是国际品牌，听到的是经典音乐；二楼是年轻人的楼层，听到的是欢快的流行音乐；三楼、四楼是餐饮楼层，听到的是有助于胃口大开的音乐。一楼还有一个很大的中庭广场，可以听到各种大自然的声音，如鸟叫声、动物的声音、风和水的声音。

在触觉方面，K11 有很多互动体验的地方，如有一个复古照相馆，消费者可以拍一些复古的照片。K11 有很多艺术品，并鼓励消费者和艺术品进行亲密接触，提高消费者的触觉体验。K11 通过巧妙地组合这些感官元素，让消费者感受到艺术品带来的魅力。

另外，像艺术品的摆放，都是很有讲究的。K11 有各种各样的考量，所有体验从项目的开发阶段就要进行，一直到项目的运营结束。

2. 色彩可以引起情感共鸣

从心理学来讲，情感共鸣也叫情绪共鸣，讲的是在情感表达刺激下，引起他人情感有相同或相反的倾向。做销售，也要考虑到客户的情感，如果客户通过色彩感知，能获得你所要传达的情感，自然也能够帮助你实现销售的目的。

一家饭店地处繁华地段，服务周到热情，但开业后生意很冷清，消费者一进店门掉头就走，令老板百思不得其解。老板的一位教授朋友实地观察后，认为问题出在饭店的墙壁、餐桌、地板全是火红色的。他告诉饭店老板，红色是一种视觉冲击力很强的色彩，大量的红色会令人心烦意乱。于是，老板把所有的地方都改成了淡绿色，包括桌椅和地板。不过在营业中，又出现了新的烦恼，消费者就餐完毕后，不肯离去，大大影响了餐桌的利用率。

经过教授朋友的观察，发现是把桌椅和地板颜色也更改了的缘故，需要恢复成红色。果然，改变以后，餐桌利用率提高了。原来，餐桌保留红色，能促进消费者的食欲，但如果逗留时间过长，又会令人烦躁，促使他们离开。

感官元素除了可以引起强烈的大脑印象外，还能引起消费者的情感共鸣。例如，红色具有热烈、兴奋的情调，绿色具有冷静、稳定的情调，蓝色具有忧郁、悲哀的情调等。

雀巢公司的色彩设计师做过一个有趣的实验，他们将同一种咖啡倒入红、黄、绿三种颜色的咖啡罐中，让十几个人品尝。品尝者一致认为，绿色罐中的咖啡偏酸，黄色罐中的咖啡偏淡，红色罐中的咖啡味道很好，于是雀巢决定用红色罐包装咖啡。

3. 声音可以促进消费

消费场所播放的音乐，能对消费行为起到非常重要的促进作用。商家可以自由选择各种曲调、曲风的音乐，只要使消费者听过之后愿意进入商店并进行消费，目的就达到了。青少年经常光顾的卖场宜播放流行音乐，追求时尚潮流的地方适于播放流行音乐、乡村音乐等，中产阶级经常光顾的餐厅可以播放爵士乐或器乐曲等，奢侈品消费场所可以播放高雅的古典乐曲，超市可以播放管弦乐队的经典曲目等。无论播放何种音乐，目的都是延长消费者的消费时间。

4. 触觉成为重要的品牌购买诱因

现如今，越来越多的商家开始注重触觉营销，而且在很大程度上触觉营销决定了用户感受中的品牌品质。就拿服饰来讲，价格相等的衣服，客户在摸过之后才能感受到衣服的质感差距，从而内心产生购买欲望。

我的一个朋友去国内某知名男装店买衣服，他进店的时候是打算买一条衬衫的，但是进去看了看颜色、价格等各方面，发现没有找到自己喜欢的。这个时候一个销售员走过来，给他推荐了一款，我的这个朋友嘴上是拒绝的，说：“不用了，这款我不喜欢。”就在这个时候，他用手摸了一下服装的质感，感觉质感不错，是自己想要的那种质感，于是他直接试穿后买了一件。

客户通过触摸商品，对商品产生最直接、最真实的感受，这种感受往往诱发客户对商品最基础的认知。

5. 嗅觉营销能抓住“细节控”客户

VIP 客户多半对品牌产生了基础信任，而这并不代表他们不注意细节问题。当客户走进门店，他们想要试穿某件商品时，却无意间闻到商品上令人不舒服的气味，这无疑会降低客户对商品的好感，甚至能决定客户是否购买商品。因此，当客户注重细节问题时，保持商品本身的气息或好闻的气息，就显得尤为重要了。

商家需要特别重视色彩、声音、触觉、嗅觉等要素对消费者感官的影响。在卖场中，要做好整体的规划。成功的规划应该有层次感、节奏感，能吸引消费者进店，并唤起消费者的购物欲望。一个没有经过要素规划的卖场，消费者容易产生视觉疲劳。

差异化带来门店利润蓝海

所谓卖点，就是商品区别于其他商品的独特性质和优点。它的存在，体现了商品与同类商品的差异性。从某种意义上说，卖点是商品核心竞争力的集中表现，也是打动客户的关键所在。在销售过程中，如果商家能够抓住商品的真正卖点，销售工作就能事半功倍。

就像人是独一无二的一样，每一款商品也都有其独特的性质和卖点。商家推销商品时，应该将关注点放在自己的商品具备而竞品不具备的卖点上，对客户着重强调其独特卖点，更能吸引客户，强化客户对商品的认知，为销售成功增加胜算。

有的时候，客户虽然对某种商品有一定的需求，但是具体是什么需求或是需求有多强烈，客户并没有清晰的认识。当两种甚至多种相似的商品放在客户面前时，他们并不能立刻做出判断。这时候，就需要商家将商品最突出的卖点介绍给客户，让客户深刻地感受到这款商品优于其他商品之处。

在介绍商品时，可以从以下四个方面开始。

1. 说明卖点的方式

通常来说，商家向客户介绍商品的卖点时，要注意用何种方式去介绍商品的卖点，我进行了简单总结。

（1）先入为主。在 VIP 客户来店的时候，先向对方介绍自己推荐的商品，这样做对一部分没有特定购买目的客户来讲是十分有效的。他们会根据你的推荐来选择商品，甚至会以你的推荐为主要选择商品的方向。

（2）先试后讲。当客户盯着某件商品的时候，你可以“怂恿”客户试用或体验，这样一来，一方面，你在讲解商品特点的时候会更有针对性，也会让客户一目了然地看到你所说的商品特点。从另一方面来讲，会很容易让客户信赖你。

（3）强调主推款。给客户推荐商品的过程，其实就是一个向客户展示商品特点的过程。对待 VIP 客人，他们可能会定期来店里消费，那么对待这样的客户，可以给客户推荐不同季节、不同套系的主推款。因为一般来讲，主推款都是具有很明显的商品特征的。

当然，商家推销商品时，还要根据客户的实际需求，有针对性地介绍商品的卖点。如果商品的卖点不符合客户的需求，那么再好的卖点也无法打动客户。由此可见，无论用何种方式向客户展示商品卖点，不可忽略客户内心的真实需求。

2. 突出商品卖点

客户说出自己的需求时，商家要分析自己推销的商品，看看哪些卖点能够满足客户的需求，符合客户的期望。进行客观的对比之后，商家就可以通过强调相应的商品卖点来打动客户。当然，在介绍商品卖点时，必须实事求是，并且表现出沉稳、自信的态度。除此之外，商家一定要注意，VIP 客户对商品的需求往往要高于普通客户，他们对自己的需求也比较清楚，明白自己需要什么，不需要什么。因此，面对 VIP 客户的需求，我们更应该找到更有针对性的商品卖点，当你说出自己商品卖点的时候，要能够直击要害。

3. 弱化无法满足的需求

世界上没有任何一款商品能够满足客户的所有需求，无论商家如何突出卖点和优势，总有某些方面无法达到客户的预期。商家如果发现商品无法满足客户的需求，可以选择主动出击，用下面三个方法来弱化客户的失落感。

（1）只讲差价。这个方法适用于大部分商品的推销。例如：“只要多付 500 元，您就能额外享受两年的优质服务。”

（2）寻找贴近生活的参照物。这种方法要求员工对商品有深刻的认识，而且这种理解要符合大多数人的生活习惯。例如：“您只要每天少抽一支烟，一个月就能买下这件衣服了。”

（3）突出最具吸引力的优势。这种方法适用于客户需求较强烈的情况下，发现商品有吸引人之处，但也存在无法满足需求的一面。比如，“这款衣服的卖点就是宽松舒适，虽然不够修身，但效果却很清新脱俗。”

4. 介绍商品要客观

为了把商品推销给客户，员工需要介绍符合客户需求的商品卖点，但是无论以何种方式进行宣传，都要对客户负责，实事求是地介绍商品，而不能为了提升业绩刻意夸大商品的性能和价值。在推销商品的过程中，突出符合客户需求的商品卖点，进行差异化销售，才能更好、更快地打动客户，促进交易更快地达成。员工应该注重这一细节，从而为做好销售工作打下坚实的基础。

客观地介绍商品，不仅不能夸大商品性能和价值，更不能故意隐瞒、躲避缺陷而不谈。毕竟事无完美，即便你自认为自己的商品再好，站在客户的角度去看，你的商品也可能有缺陷。因此，不能欺骗客户是做好销售的底线。

解剖式描述商品，消除客户疑虑

解剖式描述商品就如同是你用“剥洋葱”的方式，一层层地为客户剥开商品神秘的面纱，打消深埋客户内心的疑虑。这个过程既是让客户对商品产生信任，也是你与客户之间建立信任关系的过程。

客户在决定购买商品之前，通常希望对商品有一个比较全面的了解，对于商品可能打动客户的特点，客服人员介绍得越多，客户就越可能对商品产生兴趣，对客服人员产生好感。

客户的顾虑或怀疑，会对他是否购买产生很大的影响，客服人员应该尽可能全面地向他介绍商品的特点，让客户对商品有充分而真实的了解，这将促使客户做出购买的决定。客服人员在描述商品之前，首先要仔细分析客户的心态，揣摩他的真实意图。尤其是对于那些初次尝试购买某种商品的客户，客服人员更要尽可能详细地介绍商品，以便从多个方面消除他们的顾虑和怀疑，从而让他们下定购买的决心。

对于商家来说，面面俱到地介绍商品是一个赢得客户信任的好方法。这个技巧看似普通，但是要求员工详细了解商品的信息，当客户提出问题时，可以迅速而巧妙地给予回答，这样才能让客户感受到员工的责任心。一旦员工得到了客户的认可，那么接下来的沟通就会变得简单起来，交易也会在轻松、融洽的氛围中达成。

客户质疑商品，这是人之常情，员工千万不可认为是客户没事找事，而要以积极的态度去描述自己的商品，越是全面，客户越会对商品产生正确的认识。想要细致地描述商品，员工需要详细了解商品的信息，包括性能、材质、产地、厂家等在内的信息都应该牢固掌握。

汤姆·霍普金斯说：“在推销的过程中，如果推销员忽略了商品的缺陷，那只能让他的推销工作变得更加艰难。因此，永远不要把商品的缺陷当作一个秘密。”在这个世界上，任何东西都不会完美无缺，商品有一些瑕疵也是在所难免的。这个道理相信每位客户都明白，商家更应该对它有正确的认识。

商品存在瑕疵，对销售工作肯定有不利的影响。但是，如果商家一味宣传商品的优点，甚至夸张地说商品十全十美，那么客户肯定是不会相信的。一旦客户发现商品存在瑕疵，就会认为商家是在故意隐瞒和欺骗。到那时，无论商家怎么解释，客户都不会再相信。与其如此，倒不如一开始就向客户坦陈商品的微小缺点，即便客户因为接受不了商品的缺点而不愿签单，至少也会让客户觉得商家是诚实、可信的。有了这样良好的印象，对下一次的销售是有益无害的。

认清客户的“商品观”=客户的“价值观”至关重要

商品价值观的“高低”层级

企业的价值观是企业本体和绝大多数员工一致认同的关于企业使命和意义的终极判断。只有当企业内部绝大部分员工的个人价值观趋同时，企业的价值观才能形成。价值观虽然是无形的、看不见、摸不着，但人们能感知得到，价值观在于做，而不在于说，行胜于言。价值观好比组织的灵魂，价值观扭曲会直接促使人们灵魂的扭曲，言行不一致的后果就是导致组织的崩溃。无数例子证明价值观的成败决定着企业的生死存亡。

我有个做圣翔皮草的客户，她以前是做外贸的，一直对品质的追求很高。最近几年，她开始做内销，做高端皮草，我们都知道高品质的背后就是成本上涨。我对 13 万名零售学员调研发现，凡是走低价的路线零售商大多数都盈利很好，我提醒她在中国市场上不需要做高品质的商品，把价格拉低才有大市场。但是她不愿意，她说只有让消费者穿到好的皮草，企业才有价值，否则就失去了她办企业的初心。

后来我反复思考，也许这就是她这么多年能够生存下来的原因，因为一直追求高品质，赢得了一部分消费群体的信赖。同时，我也了解到她为了帮助零售客户做好业绩，不断地投重金给终端赋能，在提供好商品的同时，还给他们提供很多学习的机会和营销的指导。每次我有课她都会自费踊跃地给零售商报名，让她的零售商能够学到更多的技能，适应和应对激烈的市场竞争。

有一次聊天时她跟我说：做高品质的商品是为了消费者穿得放心，因为每个消费者都是我们的VIP。而对于厂家来说，零售商就是我们厂家的VIP，我们只有让零售商赚到钱，让消费者穿到好皮草，企业才有价值，这段话让我顿悟。

再回看我们其他厂家，真正地把零售商当成我们的VIP了吗？我们会像圣翔皮草一样，重视品质高于一切，宁可牺牲业绩也不愿意降低品质吗？我们宁可降低企业利润，也要帮助零售商提升业绩吗？商品观等于价值观，我们的初心决定了结果。

仔细研究会发现，商品有两种基本属性：一个是商品本身的功能属性；另一个是商品的情感属性。

功能属性，就是指商品本身固有的性质，可以定位为商品必须具备的属性。如果一个商品没有具备功能属性，那这个商品是不能称之为商品的，也不可能会有客户去购买。

情感属性，就是你的商品到底能激起用户什么样的感情。这一点恰恰是传统行业商家不擅长的。但是，作为商家，作为企业家，你生命中有没有一些动人的故事？肯定有！草根创业者如果能把生意做大，绝对是经历了九死一生的。这个九死一生的过程，恰恰是创业者最宝贵的精神财富。每个商家的背后，都有精神和信念；每个商品的背后，也有商品的精神和信念。商品背后的信念价值观才能够真正打动用户，所以优秀的企业家不仅生产优质的商品，而且会为这个社会输出正确的价值观。企业家为商品找到了价值观，也就抓住了经营本质。抓不住经营本质的企业，很难在移动互联网时代迅速裂变。记住，你的出发点决定了你的终点。

商品感染力由价值观决定，企业的商品价值观越有感召力，商品自然越有感召力。即使面对主打同一种价值观的竞争者，对价值观更认同和更透彻理解的企业自然能够钉入得更深、更牢，获得更多用户的认同。

因此，商品价值观虽无绝对的高低之分，但在客户的心中自然会有一种比较和判断，客户的“商品观”就等于客户的“价值观”。只有符合自己价值观的商品才能得到客户的青睐，以逐利为目的的商品价值观正在被时代所抛弃，只有追求品质的企业才能得到长足的发展。

保持与 VIP 客户相同的价值观

人们一般会希望自己的行为与自己一直以来的人生态度、言谈举止以及价值观相一致，我们的 VIP 客户也不例外，越是要让客户进入深度社交，企业和客户越要共享价值观。研究员史蒂芬妮·布朗牵头了一项实验，研究发现，随着年纪增长，人们越来越看重一致性。这可能是因为非一致性会引发一个人的负面情绪，随着年岁渐长，人们往往更加注重避免产生负面情绪的行为。这个发现对于如何影响年纪稍长的 VIP 客户具有重要意义。假设你的公司正在推出一系列针对中老年人的新商品，根据上述研究，这部分人相较于其他年龄层对于变化的抵触情绪更明显，因为接受变化会使他们觉得自己背离了之前的言行。在这种情况下，你所要做的应该是在商品的推广信息中指明，购买并使用这一商品与消费者以往的价值观、信念和行为仍然一致。

但是，仅仅告诉客户，你提倡的新选择与其价值观、信念和行为一致，他们就会轻而易举地放弃以往的选择吗？在他们看来，由始至终保持言行一致是好事。如果一个人出尔反尔、反复无常、说风就是雨，那么不难想象同这样的人打交道有多糟心。当我们面对极其看重一致性的人群，除了要指明新的选择不但与以往的选择一脉相承，还有一点也很重要，那就是进一步提升说服力的信息，不仅要让客户从以往的选择中走出来，还要避免将其以往的选择视为错误。最为有效的方法就是肯定客户之前的选择，并将其描述为当时最合理的选择。之前的选择，客户已经根据相应的证据与信息做出了正确的选择，并由此使他将注意力放到新选择上，而不用担心自己没面子或是背离以往言行。

在“说服预备”阶段之后，下一个信息也要与客户的价值观、信念和行为相一致。有时候，这种准备不仅仅是思考如何传递信息，还要注意之前获得的信息和反应。有一句这样的话，驾驭马匹的最佳方式就是要顺着它的前进方向。你只有先顺应了它的方向，才能够逐步将其带往你想要前进的方向。

企业越是建立了能够聚集用户的社群，商品的价值观就越能够通过用户之间的传递被认同和深化。价值观的竞争存在一个“黑洞效应”——价值观一旦对于用户产生感召力，品牌就变成一个黑洞，就会吸入周边的关注，这种对于关注的吸引是跨越细分市场的，即所有的商品放到一个大市场上比个性。某种程度上，价值观比较形成的大市场甚至比互联网技术连接的细分市场形成的大市场更加直接，因为商品因功能不同而存在细分，但商品之间的个性一定是可以放到一起比较竞争的。

用商品价值连带，驱动客户购买欲

在商品销售过程中，你很清楚，连带销售能将一个 VIP 客人的“购买率”提升到最大化，这就是我们日常说的“连带式销售”的魅力所在。一名客人进店，他希望购买一条裤子，而善于将商品价值连接起来的销售员，会让客人买走裤子的同时也带走了一件衬衫，甚至还能顺利卖出一条领带。

要想实现连带式销售，就必须学会如何将商品与商品的价值进行连带，这关乎商品是否能顺利卖出的关键。当然，如果销售员的商品价值连带不够合理，客户只是购买选定的那件商品，对销售也不会有太大的损失，这种通过商品价值的连接，来达到快速、高效推销的技巧已经被广泛地运用。

商品价值连接技巧

我在商场发现很多销售员的销售眼界比较窄，不懂将客户需要扩大化，你或许会疑惑，客户的需求不是客户自己决定的吗？其实，作为销售你要善于挖掘客户深藏的需求，帮助客户挖掘自己的需求，让客户在看到你的商品之后，感觉这件商品就是他需要的，也就是将客户的需求扩大。比如，客户穿着一双运动鞋来买职业装，当客户决定购买某套职业装之后，你可以用委婉的口吻对客户说：“您选的这套职业装，最适合搭配一双职业一点的皮鞋。”那么，这个时候，客户会思考自己家里所有的鞋子有没有和这套职业装配套的。他可能思来想去发现自己的鞋子不是运动鞋，就是船鞋，没有一双可以配套这身新衣服，于是，他会产生购买一双新鞋的欲望。如果你的店里恰巧有他需要且喜欢的鞋子，那你不就实现了增额销售吗？这也就是我们要学会的一种销售方法——连带销售。

要想实现连带销售，你需要做的就是将商品价值连接起来，而将商品价值连接最重要的就是找到商品与商品之间的特点进行连接，这就需要我们掌握以下几点技巧。

1. 商品功能连接

这点是最为简单的连接，也是运用最多的商品连接技巧。比如，客人希望买一件半身裙，在试穿的过程中，发现本身穿的上衣与裙子不搭配，你可以替客人挑选搭配裙子的上衣。当客人发现上衣与裙子穿在身上很搭配的时候，她内心往往会产生同时将上衣一起购买回去的欲望。这种方法就是将上衣与半身裙的功能进行连接，从而让客户有了购买上衣的冲动，原本客人进店之前，她只想买的是裙子，而走的时候可能会连带购买了上衣。这种连带方式是销售员在进行销售过程中常常用到的，也是客户能接受的一种连带销售方式。值得注意的是这种连带销售方式在一次购物中，针对一位客户不要连续连带销售三次以上，除非是客户自助连带，否则会让客户产生反感。

2. 商品独特卖点连接

将两件看似功能相同的商品进行连带销售，而两件商品虽然看似功能相同，但是他们在商品某个特性上是有区别的。比如，客人进店要买一条牛仔裤，要在外出旅游时穿，这个时候，你将新款的西裤连带推荐给客户，客户想到周末开年会正好需要一条新西裤，所以在计划之外，客户一起买了两条裤子。

3. 商品稀缺性特点连接

对于一些品牌商品来讲，他们可能生产某件商品是有固定的量的，因此，客户在购买的时候需要尽快抢购。对于这类商品，你可以利用商品稀缺性特点，给客户制造紧迫感，从而达到让客户购买商品的目的。比如，客户看上了店里新款的包，而这款包有三个颜色，客户在选择买哪个颜色的时候，你可以明确地告诉客户，这款包包你们店里每个颜色只有 20 个，而卖完这批这款包包就不会再上架了。客户因为无法取舍买哪个颜色，最终可能会选择两个颜色的同款包包一起购买。

将商品的价值连接，并不意味着所有的商品都具有连接性，也并不是所有的客户都对你的连带销售买单。但这并不影响我们对商品价值的挖掘，也不能限制我们向客户推荐商品。

价值连带驱动客户购买欲望

无论我们用怎样的方式将商品的卖点介绍给客户，最终的目的无非是为了激发客户购买的欲望，只有客户的购买欲望愈来愈强，他才会愿意为自己的“欲望”买单。因此，激发客户的购买欲，成为销售成功的关键一步。那么，如何来通过商品价值连接来激发客户的购买欲呢？

要想让客户产生购买欲，除了客户本身需要之外，还需要让客户看到商品的价值。从客户角度来看，如果商品的价值超出了自己付出的金钱价值，他自然会毫不犹豫地去购买商品。比如，当客户看到一件吊带裙标价 500 元的时候，她同时发现一件披肩只标价 50 元。那么，她可能会将两件一起买下，如果客户只看到吊带裙标价 500 元，那她可能会嫌弃价格过高而放弃购买。

一件商品的价值如果是“1”，另一件商品的价值如果是“2”，那么恰到好处的价值连接，所达到的效果是“1+2>3”。所以说我们要能看到商品之间的联系，尤其是在商品价值方面建立的联系。我们去商场会发现在商品陈设上，店铺是下了功夫的。而我们常见的陈设中会发现，店铺会将两件具有共同之处的商品摆放在一起，比如，我们看到模特身上的衣服穿搭，原本可能不是一套衣服，但是经过销售员的搭配，上衣和下装似乎十分协调，给人一种想要一起购买的冲动。如果我们将上衣单独摆放，或者是将下衣单独摆放，似乎都不能达到吸引客户眼球的目的。因此，这种"1+2>3"的效果就是我们将商品价值进行连接所达到的。

商品价值连接之后，可以通过视觉、触觉等方面来激发客户的购买欲望，客户购买欲望的产生，便成为客户购买下单的一种动力。

第四章

“场”——营造舒适环境，带给 VIP 客户满分场景体验

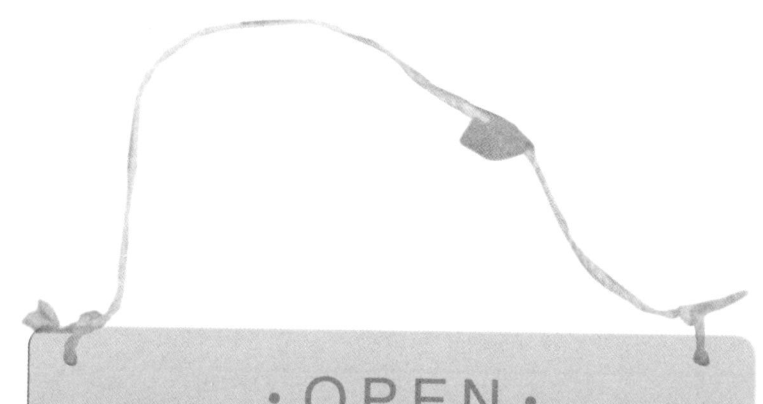

场景是一种有效工具（既是连接器，又是放大器），把人与商业连接起来，放大了商品价值。营造舒适环境，带给 VIP 客户满分场景体验，就是通过营造良好的购物环境、制定专业高效的服务流程、运用高超的销售服务技巧，让消费者乐于消费，消费得开心。场景体验是营销抓手，它将解决什么问题？如何正确使用？有哪些流程和注意事项？

鞋服店装修不可或缺的七个细节

商家着手设计店铺的装修时，要充分对店铺销售的商品、档次有所分析，然后再利用设计元素对之进行强化突出，糅合出鞋服店商品“特殊”的个性。所以，店铺内部设计和装修需要从门面装潢、店名、门店广告、灯光布置、橱窗展示、商品陈列和休息区的点心饮料等几个方面综合考虑。

彰显品位的门面装潢

一般来说，门面装饰应有宣传品牌文化，增强品牌力，提高商品知名度和软实力，增加消费者对品牌认可度的效果。鞋服店的门面装饰通常有以下几点技巧：

1. 注重个性化的室内装饰

许多品牌鞋服店都有追求个性装潢的倾向，不断进行风格的革新，给人以动感活力的印象。随着现代人在金钱和精神上越来越独立，追求个性的需求也越来越突出。但是这种个性并不是片面地追求特殊和新奇，需要将店铺的形象与社会的主流观点相结合，这样才不会给人不伦不类的感觉。

2. 宽敞舒适的空间环境

鞋服店的装修越来越趋向于走广阔宽敞的路线。许多门店除了为客户设计宽敞的购物空间外，还为客户设计大型沙发，提升客户的舒适度和享受感。环境和道具设备的设计都经过设计师的仔细考量，注重与空间尺度的比例，累积立体空间的视觉效果，最终使有限的空间面积产生宽敞通透的感觉。

3. 注意色调的选择

选用的颜色要绚丽、鲜艳，且装修时一般不超过三种颜色。在设计室内装饰的色彩使用和搭配时，应考虑背景色的使用。适当的颜色既能起到良好的衬托效果，又不会喧宾夺主，削弱商品的个性。不仅可以避免色彩的堆叠，还能悄然形成品牌店面独特的魅力。

独具特色的店名

店铺的名称对店铺的经营也会产生较大的影响，尤其是店名的音、形、义给消费者留下的第一印象显得十分重要。优美的名称容易给人留下好印象，一个好的店名通常都是音韵和谐、字义文雅、选词恰当的，光是听它的名字就能给人一种亲切、祥和的感觉。因此，给鞋服店起一个好名字是店铺实物形象设计的第一步，这直接关系到客户对店铺的第一印象，以及店铺对潜在客户的吸引力。

1. 通俗易懂，朗朗上口

鞋服店的名字响亮、上口、易记，才便于传播。要做到这一点，就必须注意语言的韵味和流畅性，且抓住消费者的心理需求。容易与客户产生共鸣的店名，一般容易被客户记住，也易于传播。

2. 新名称

鞋服店的名称必须新颖，不能千篇一律，要能迅速抓住消费者的视线，引起消费者的兴趣，吸引他们光顾。

3. 起一个有趣的名字

风趣幽默的名字可以刺激客户疲软的消费欲。现代人的生活压力如此之大，的确应该在生活中多来点幽默以调解紧张的心情。在商店的命名中，我们应该学会用有趣、幽默的角色来切入市场。

4. 引经据典名声扬

借用典故给店铺起名也是一种技巧。诗词典故本身蕴含着很高的文化和审美价值，能使人产生丰富的联想，且易于记忆，因此可以说是鞋服店命名的好素材。文雅内涵的店铺名称往往会引起知识分子和上层人士的兴趣，而这部分人是极具宣传力的，通过他们的口口相传可以将店铺的声誉传播四方。很多店铺以这种方式命名。

富有想象力的门店广告

在鞋服店的销售中，那些提供商品信息的横幅、标语是引导消费者进店的最好广告，醒目的品牌名称、柔和的灯光、美观大气的氛围设计都是促销的有利手段。虽然广告在鞋服店的作用不像大公司那样突出，但富有想象力的广告宣传可以极大地促进商品的销售，帮助门店吸引潜在客户，提高销售额。

鞋服店经营者在设计富有想象力的广告时，可以从以下几个方面入手。

1. 鲜明的广告主题

准确的广告主题语总能轻易地引起受众的心理共鸣。1988 年，耐克提出标志性的广告语“JUST DO IT”，一举奠定了其在体育用品界世界排名第一的地位。尽管耐克在 20 世纪 90 年代中期采用了新的“I CAN”口号，但它并没有取代“JUST DO IT”这一永恒的经典主题语。因为正是这个广告主题使耐克以潜伏的精神力量鼓舞和激励着人们追求运动的内在美。

2. 鞋服的主题卖点

在鞋服同质化、市场充满模仿的当下，打造一个好卖点在鞋服广告中起着重要的作用。因为好的卖点可以让消费者眼前一亮，激发他们潜在的购买欲望。例如，美特斯邦威为自家商品提炼出的核心卖点为：时尚、个性、自然。这个卖点显然是成功的，它能够契合现代消费者的气质和品位，而不是模糊的非常俗气的卖点。这一卖点让美特斯邦威在休闲服饰行业脱颖而出。

3. 有针对性的品牌形象策略

根据营销学中的 4C 理论，即消费者（consumer）、成本（cost）、便利（convenience）和沟通（communication）。鞋服店首先应该把追求客户满意放在第一位；其次是努力降低客户的购买成本；然后要充分注意到客户购买过程中的便利性，而不是从鞋服店的角度来决定销售策略；最后还应以消费者为中心开展有效的营销沟通，着重关注满足消费者的欲望和需求，消费者的心理价格以及与消费者的沟通。美特斯邦威开设品牌形象店正是对 4C 理论的实践。一般来说，品牌形象店的质量也是一种潜在的广告，因为它直接决定了消费者对鞋服品位的感知力。

4. 强烈的创意感

一个没有强烈品牌创意感的公司，其生命力往往是孱弱的。一个成功的广告除了在内容上要有震撼性和吸引消费者的眼球之外，还需要有创意的平面设计。有些广告设计过于烦琐，堆砌了太多的元素，甚至加入很多与广告内容无关的元素，让消费者看不出广告的主题，甚至看不出是哪个品牌，这样一个没有主题的广告肯定是失败的。

灯光

在鞋服店中，灯光起着至关重要的作用，一件服装在灯光下的效果与没有灯光是完全不同的。鞋服店的装修、灯光设计应与店铺的整体形象协调一致。大型店铺的灯光注重富丽堂皇，中小型店铺应以简洁明快为灯光设计的标准。此外，在灯光设计中还有很多需要考虑的因素。

1. 外部装饰照明

外部装饰照明指的是用作外部装饰的人工光源的使用。它的功能是吸引客户的视线，烘托店铺的氛围和环境。它通常被装饰在店铺门前的街道上或商铺门前周围的墙上。例如，一些鞋服店用多色彩灯把门口的招牌缠绕起来，再如，将反映店铺经营内容的多色造型灯，装饰在店铺的前墙或招牌周围，这些都是装饰照明的应用，既能体现店铺前的环境，又能增加店面的形式美。

外部装饰照明的设计在整体照明设计中起着重要的作用。没有专业的外部照明设计，鞋店的外观就会显得缺乏特色，难以带来充足的客流和良好的经济效益。因为店铺是“静”的，不能给人一种生动的感觉，但外部装饰照明可以在与主光源的交替搭配中，传达一种亲切、温暖、神秘的信息。

2. 店内照明

随着照明技术的普遍应用，人工照明在装饰中逐渐占据主导地位。合理的照明设计可以改善店铺的外观，可以展示商品的各种特点，从而引导客户积极购买。由此可见，在设计鞋服店的灯光时，我们应该从突出商品和吸引客户的角度出发。这就要求管理者对店铺内的灯光进行严格的划分和合理的管理，灵活地运用灯光，为形成积极的灯光效果做好充分的准备。

根据分析，分区式、聚焦式照明将能够满足客户在不同地点、不同购物阶段对不同视觉环境的要求。例如，在销售场所一般采用柔和的色彩照明，营造一种让人愉快接近的氛围；店铺深处角落的高亮度灯光会对客户形成强烈的吸引力；通过对不同的鞋服的光照，可以帮助客户对不同的鞋服形成不同的感知，为他们进行比较、选择和做出购买决策提供参考。

此外，如果店铺内使用完全均匀一致的照明，则会显得单调乏味，千篇一律，无法突出不同商品的特点。

橱窗展示

橱窗设计是店门设计的一部分，通常被认为是装饰店面的重要手段。一个风格独特、装饰美观的橱窗，会为整个店铺增加立体感，起到美化形象的作用。橱窗是鞋服店铺的窗口，橱窗里展示的商品会对客户产生潜移默化的影响。它能带给客户一种惊奇和兴奋的感觉，尤其是在夜晚，在彩灯的辉映下，橱窗里那些美妙的创意、时尚的元素和迷人的色彩，能在瞬间抓住客户的目光，可见橱窗的重要性。

1. 橱窗里的鞋服应经常更换

很多时装店铺会给模特频繁更换鞋服，以保持橱窗里鞋服的新鲜感，让客户觉得店里每天都有新商品，带着不同的心情来欣赏。但是，并不是所有的衣服都可以进入橱窗，衣服的摆设一定要体现格调，经典的设计要有一定的侧重。根据目前鞋服款式的设计情况，每一季都推出一些精致高雅的款式是完全可以做到的。

2. 应用流行的设计元素

现代城市的时尚脉搏越来越强烈，人们对流行季风的感受也越来越敏感。作为鞋服店的窗口，更是演绎时尚潮流的窗口，橱窗必然要有时尚的设计元素。

3. 立体、多维的设计

独特、立体的设计，可以避免平面设计带来的枯燥和乏味。多维空间的运用，从不同的角度给客户创造视觉冲击，能充分展现经营者对动感和艺术的追求。

4. 生活和故事情节的结合

据调查，一些生活化的场景可以让客户感到亲切和自然，产生共鸣。无论是家居生活的再现，还是户外旅游环境的展示，都能最大限度地贴近客户的内心，让客户有购买的需求。

5. 努力给客户留下深刻印象

一个店铺是否能留在客户的脑海中，会直接影响到他们将来是否会来消费。店铺的创意在这里发挥了重要作用。只有与众不同的创意才能将店铺形象“植入”客户的大脑，带来持久的宣传效果。

商品陈列

首先，商品的陈列要满足消费者对美的渴望，也就是说，如何摆放才能使商品看起来更美；其次，要满足消费者方便的心理，也就是说，摆放要方便消费者选择。如果把商品放在消费者看不见或够不到的地方，会影响消费者的购买情绪。

据统计，如果店铺能正确使用商品配置和展示技术，可以在原有的基础上增加 10% 的销售额。商品的合理陈列在展示商品、刺激消费、促进购买、节约空间、美化购物环境等方面都具有重要作用。

一家服装店老板通过每天给模特换三四次衣服，使销售额增长了 30%。最初他发现，很多消费者会根据模特身上的服装展示来购买商品。学生在早上经过，家庭主妇在下午，老人则是在晚上。这三类人对衣服有不同的需求。于是，店主决定在白天多展示一些年轻时尚的女装，而在晚上则换上物美价廉的中老年休闲服装。

陈列面积的变化也会导致销售额的变化。对于同样的商品，改变客户能看到的商品陈列面会使商品销售额发生变化。商品陈列得越少，客户看到它们的可能性就越小，购买的可能性也就越低。即使他们看到，如果他们没有形成一个焦点，他们也不会形成购买的冲动。

商品的陈列与消费者的购买欲望有关，商品的美感也可以激起消费者的购买欲望。因此，营销人员在摆放商品时，要考虑到消费者的心理需求。

不同的商品陈列在不同的层次，会有不同的销售额。以 2m 高的货架为例，根据高度可分为以下四个部分。

（1）上段为 1.6 ～ 2m。此段一般陈列次主力商品即推荐品，这个位置手可拿到，客户抬头可以看到。

（2）1.2 ～ 1.6m 为黄金段，具有最好的视觉效果，最容易与客户的目光形成聚焦，引起客户的注意。一般情况下会展示利润高的商品。

（3）中段 0.6 ～ 1.2m，手最容易拿到。这一段是次黄金位置，主要展示低利润商品、补充性的商品或次主力商品。

（4）0 ～ 0.6m，一般陈列整箱商品或体积大、容量大的商品。

根据实际经验，在平视及伸手可及的高度，商品售出的概率为 50%；头上和次要高度的售出概率为 30%；在视线上方或下方，卖出的概率只有 15%。

休息区的茶点和饮料

都市人在商场和职场中奔走，其身心的疲惫是不言而喻的。在卖场面积阔绰的条件下，鞋服品牌完全可以巧妙地设置休息区，为客户创造一个购物的“天堂”。其中，一个精致的酒吧，几瓶高档洋酒，三五台联网笔记本电脑和充满休闲时尚气息的杂志，可以完全缓解客户紧绷的心绪。同时，巧妙设置休息区还可以将不同款式的鞋服进行隐形划分，而休息后的客户也可以对终端的广告和宣传画册进行欣赏，达到一举两得的效果。休息区常用的茶点和饮料，经营者可以根据自己的需要自行选择。

营造非买不可的三种门店氛围

仅仅具备良好的硬件配置，还远远不足，如果不能有效烘托出让客户流连忘返的店面氛围，同样难以留住客户，会给人一种“无感情、冷冰冰”的感觉，让客户敬而远之。

好的气氛、环境能让人的心灵来一次自由的旅行，消费者能够迅速放松，减少戒备和抵触的情绪，在这个时候向客户销售商品也更加容易。营造气氛，主要包括营造店铺内的环境气氛，客户、员工之间的谈话气氛，以及热销气氛等方面。

营造畅销的环境气氛

一场演出，如果没有营造出比较热烈的气氛，显得冷场的话，无论你的演出多么精彩，恐怕也达不到很好的宣传效果。销售也是一样，亲朋好友互相捧场，站满披着绸带的迎宾小姐等，都是为了引人注目、招徕消费者。

气氛是吸引客户眼球的最直接要素。营造一种温馨、亲切的氛围，能让客户感到宾至如归；营造一种活泼、亮丽的氛围，能吸引客户的眼球；营造一种与众不同的特殊氛围，能让客户过目不忘、印象深刻。具体包括门店内外、客户活动区、门店空间、门店特殊区域等场地的装饰亮点，并围绕商品展示陈列、促销信息发布等因素进行重点设计。

有效利用商品广告和促销信息发布，也可以活跃店面气氛。如果将促销信息张贴在醒目的位置，能更有效地利用消费者喜欢占便宜的心理，吸引更多客户到来。在制作促销信息的时候，包括海报、展架、易拉宝等宣传形式，还包括对门店的背景墙、灯箱、橱窗、专柜等区域进行商品形象的包装和宣传，这是门店氛围“动”的因素。

建立愉悦的谈话气氛

在商家与客户的交流谈话之中建立起的谈话氛围也十分重要。无论是在销售洽谈，还是在其他任何谈话之中，双方都希望建立起一种轻松愉快的氛围。要营造这种氛围，商家需要掌握一些“窍门”。美国的一家玻璃器皿公司放弃了零售商店，采取家庭聚会的方式直销。聚会的主人召集了一些朋友，满面春风地与大家聊天，为大家端茶送水，然后不失时机地推销自己的商品，结果使销售量大大增加。

有的商家总是认为，客户没有上门，自己在店铺里默默等着就行了。其实，在没有客户上门的情况下，员工也要货不离手，营造出一种匆忙的、充满生机的氛围。就算和同事拿着货物聊天，也比散漫地闲聊或者干脆呆呆地站立好一百倍。如果店员呆呆地站在柜台旁，甚至有些人会打起哈欠，当客户上门时，看到的是整个店内呈现出死气沉沉的气氛。

有一次，一个老板看到一家商场内的店员忙忙碌碌，仿佛随时都有很多客户需要他们招待一样。仔细一看，才知道他们在摆设商品，不过他们是将左边的搬到右边，然后又将右边的移到左边，看上去是一些毫无意义的忙碌，但是却令人感到生机勃勃。后来，这个老板回去之后在自己的一家五金店尝试了这一点，发现情况确实大不一样，这个月的利润比以往任何一个月都高。这时他才恍然大悟，制造一种良好的气氛，打破店内死气沉沉的局面，对于销售来说如此重要。

营造热销的气氛

热销的气氛有时候也需要营造，只有这样，才能使自己店铺的生意得到改观。大部分消费者都有一个特性，相信大众的眼光。因此，销售中可以充分运用这种从众心理，营造出热销的气氛来吸引消费者的注意力。

一家饭店，刚开业的时候，因为没有名气，很长时间内生意都非常冷清。老板突然有了一个主意，他给自己的朋友打电话，请他们每天来吃晚饭，条件是必须开着车来，没有车就是借车也要开着车来，车的档次越高越好。朋友们也不知道是怎么回事，但既然是请客，那就来吧。晚上，这家饭店的门口停满了各种高档汽车。没过多久，人们惊奇地发现，这家饭店的生意突然间火了起来，每天都门庭若市，吃饭还要排队。

要制造出热销的气氛。开始的时候，哪怕是假象，也要吸引消费者来了解商品，认可商品品牌。只要热烈的气氛制造得成功，商品销售总会有一定程度的提高。有了人气，就不怕商品卖不出去，因为消费者在好奇心的影响下，一定会来。消费者的购买行为，70%以上的决定都是在购物环境中做出的，冲动性消费占了很大一部分。所以，制造良好的购物气氛，对销售有着非凡的贡献和巨大的意义。销售气氛的营造和提升绝非小事，是值得每位商家花大力气研究和学习的。

成功 VIP 活动专场的七个关键

无论是线上活动还是线下活动，无论是大型活动还是小型活动，做 VIP 活动专场之前都要思考清楚“为什么做”，不能为了做而做。策划一场 VIP 活动专场，我们可能会想到主题设计、嘉宾、场地、流程、宣传文案等环节，而想要策划一场有序的活动，需要确定活动主题、活动执行、活动流程等几个关键方向的相关内容。下面我们以时间为主线，梳理活动专场的现场布置的主要工作内容。

前期筹备阶段

（1）确定具体时间和场地。场地需要考虑交通便利性、场地档次、场地大小、场地硬件资源等相关要素是否满足活动需求，确定场地负责人及场地使用时间。

（2）形成活动介绍文档。包括活动主题、参会人员、活动流程、活动地点、活动时间等相关信息。

（3）明确赞助商权益。整理联合主办、冠名、合作推广等不同赞助方式的具体权益内容，整理赞助商洽谈话术，确定赞助商邀请方向、赞助沟通负责人、赞助价格、表现形式和宣传方式。

（4）邀请演讲嘉宾。确定嘉宾人员，确定嘉宾权益，提前确定演讲嘉宾是否需要准备 PPT，商榷差旅费、礼品等相关内容，给嘉宾发送介绍资料，得到肯定答复后再发送邀请函，沟通嘉宾准备期要完成的任务以及完成时间。

（5）邀请合作媒体。整理大会主题、内容流程等相关资料，邀请合作媒体参与。

（6）邀请现场嘉宾。确定现场嘉宾角色，筛选适合人员，提前预留现场嘉宾席位并发出邀请文档，介绍活动相关内容。

（7）确定宣传推广渠道。列出明确的宣传推广渠道、宣传时间、宣传方式、宣传文案等，突出嘉宾、奖品等优势。

（8）确定现场搭建商。根据活动内容确定搭建方式、场地布局等现场布置方案，并沟通筛选搭建商。

（9）准备现场物料。列出现场物料清单，包括现场主题物料、流程引导物料、品牌宣传物料、嘉宾所需物料、参会者所需物料等相关事项。

确认 VIP 活动的主题

如果商家要举行一场 VIP 活动，那么就需要策划一个活动主题。商家开展活动的目的就是要吸引人们参与到活动中来，那么商家就需要给人们一个参与的理由，而 VIP 活动主题，就相当于微店商家为人们提供一个大家参与活动的理由。商家在确认 VIP 活动的主题时，要清晰、明确，让人一看就清楚此次活动的主要内容是什么。

在确认 VIP 活动主题时，要尽量将主题做得新颖、有趣。VIP 活动的主题可以根据商家自己的情况来定，如可以以“新店开业，关注获礼品”“店铺周年庆，礼品大馈赠”等为主题；也可以根据时间来定活动主题，如各种节庆日，如“月圆人更圆，中秋送好礼”“喜迎佳节，好礼相送”等。商家推出的 VIP 活动主题，可以是多种多样的，只要能够吸引人们关注、参与就可以。在确认活动主题时，需要注意以下几个方面。

（1）根据活动目的确定活动目标。我们根据活动想要达成的效果，细化活动目标。例如，我们想发起一场以“提升品牌影响力”为目的的行业大会，在活动目标的设计上我们就要考虑参会人员规模、会议影响力这两个与品牌影响力直接相关的指标。再根据相关指标明确具体数字，比如提升影响力需要策划发布多少篇 PR（public relations）宣传软文、参会人员面向哪些人群等。

（2）根据活动目标确定活动定位。活动定位是指会议的具体方向，是行业交流会还是销售沟通会，还是品牌发布会，从而确定会议是否收费、定价多少。

（3）根据活动定位确定目标人群。活动目标人群主要指参会人群。

（4）根据目标人群策划活动主题。活动主题有两种策划思路，一种是站在行业立场的角度，比如“新时代的营销与机遇”；另一种是站在参会者的角度，比如“商品经理大会”。活动主题需要体现行业、人群、内容的指向性，突出活动的核心价值，不宜用太空、太泛的词汇。

（5）根据活动主题邀请活动嘉宾。我们可以把活动主题看作一个比较大的内容选题，而活动嘉宾是对选题价值的有力背书。策划活动嘉宾时可以以嘉宾自身的话题相关度为标准，以人的影响力为导向，但也不必局限于某个人。我们可以设计与选题相关的话题，通过话题去找人。

（6）根据活动主题和嘉宾策划大会卖点。大会卖点分为两个方面，一方面为活动赞助的卖点，另一方面为对参会人员的吸引力。大会需要针对不同的赞助方、赞助形式、参会形式给出相应权益。

（7）根据大会卖点策划宣传方式。宣传方式包括宣传渠道、宣传主题、宣传文案、宣传海报等方面的设计。以上是围绕活动目的展开的相关策划内容，这个环节需要解决三个问题，活动要达成什么效果，有哪些内容可以吸引参与者，参与者又将有何获益。

拟定 VIP 活动方案

商家在确定了活动主题之后，就可以根据活动主题，拟订活动方案。商家在拟订活动方案时，方案至少需要包括以下几方面的细节：活动时间、活动场地、活动物料以及任务分工等细节。

（1）根据活动定位确定活动时间。活动时间的选择需要从活动定位的角度思考，如果是面向企业人员的活动，活动时间在工作日较好；如果是面向个人的活动，活动时间在节假日较好，工作日的活动需要避开周一和周五（因为大多数公司都会在周一开例会，并不是举办活动的好时机；而经过一周的辛劳，到了周五，上班族都会略显疲态，情绪不高的话也会影响活动效果）；节假日活动需要避开春节等有固定风俗习惯的节日。

（2）根据活动定位确定活动场地。策划阶段需要考虑活动场地的大小、位置、场地档次、是否满足活动的必需条件（如餐饮住宿、场地搭建等需求）。

需要格外强调的是，在选择 VIP 活动的场地时，要尽量选择人流量大的地方，只有人流量大，参与的人才会多。同时，商家在选择场地时，也要与自己商品的消费人群集中地相结合。也就是说，商家在选择活动场地的时候，要选择自己商品的目标客户常去的，而且人流量大的地方。例如，商家主营的商品是老年人保健品，而老年人聚集的地方就是公园、广场，那么商家就可以将活动地选在人流量多的公园、广场等地方。

（3）根据活动内容策划执行细节。活动执行细节是以主题策划阶段的方向为指导，根据每个方向延伸出具体细节，包括七个方面的内容。

①根据活动主题来策划文案。

②根据目标人群确定宣传渠道及宣传主题。

③根据活动主题确定适当的嘉宾人选。

④根据大会卖点策划赞助商及合作方向。

⑤根据主题风格确定活动现场主持人及主持人串词。

⑥根据行业主题、目标人群、宣传渠道确定宣传物料的设计风格。

⑦确定准备阶段的人员分工，包括文案、设计、嘉宾邀约、现场执行及对接等。活动执行策划需要考虑到活动整体策划阶段和执行阶段的所有细节，将工作任务分配好负责人及完成时间，确保活动的有序进行。

（4）根据活动定位准备活动物品。商家要开展一场较大型的 VIP 活动，那么就需要准备一系列活动所需的物品，以下几种物品是商家必须要准备的。

①伴手礼。这是商家举行 VIP 活动必不可少的一项物料准备。因为礼品是吸引人们参与到活动中的一个重要因素。商家在送礼品的时候，可以送自己经营的商品，也可以送其他有吸引力的东西。

②二维码。有二维码，人们才能扫码关注。商家在设置二维码的时候，可以放自己门店的二维码，或者是商家本人的二维码。这样对后期统计总的扫码人数比较方便。同时，商家在制作好二维码之后，要先测试其是否能扫出来、是否正确，免得活动开始后，因为扫不出二维码，或者二维码错误，而影响活动进程和现场氛围。

VIP 活动流程的确定

（1）根据活动定位策划活动主流程。从活动定位出发，策划一些必要环节来满足活动定位的需求。例如，行业大会以嘉宾分享为主流程，品牌发布会以发布环节为主流程。从定位的角度设计主流程，增加大会对行业人群的吸引力，比如加入颁奖环节、名片交换环节、晚宴环节等。

（2）根据主流程策划活动形式。在主流程的基础上，优化每个环节的活动形式，确定每个环节的时间，比如嘉宾分享时长、嘉宾演讲形式、是否加入圆桌对话时间、是否加入问答时间等。

（3）从用户角度增加活动形式的吸引力。活动流程要体现活动的主要内容，我们要考虑活动对参与人员的吸引力，减少参会过程中的人员流失。需要考虑的内容包括嘉宾的分享次序、是否加入现场抽奖环节、是否加入游戏环节、是否加入茶歇时间等。

（4）策划赞助方的曝光时间和曝光方式。赞助方、联合主办方参与活动有对他们自身品牌曝光的需求，我们需要策划从哪些环节、以何种形式曝光品牌，现场是否要设置展台、宣传展架、参会者资料袋，等等。

（5）策划活动现场指引物料。对于大型活动来说，现场指引是参会者了解活动的重要信息，可以通过提供会议流程、嘉宾主题介绍、品牌方、赞助方资料等方式，让参会者了解活动内容。

VIP 活动现场布置

VIP 活动现场布置，也是商家在开展 VIP 活动时必须要经历的一个步骤。一个主题鲜明、有特色的活动现场能够帮助商家吸引更多的人群关注。商家在布置活动现场的时候，要根据自己活动的需求考虑是否搭建舞台，如果搭建舞台的话，商家还需要准备音响设备。搭建舞台有好处也有坏处，其好处是能够吸引更多的人关注，能够提高现场群众的热情与参与度；坏处自然是会使活动成本增加。活动的现场布置主要还是看商家个人的意愿，但是有吸引力、确保安全是必须要遵守的原则。

活动的现场布置需要注意以下几个方面：

（1）现场搭建环节的跟踪执行，确定搭建时间；

（2）现场设备测试（包括试音及预演）；

（3）现场资料的装袋及相关资料的到场时间；

（4）现场环节的预演；

（5）签到环节所需的物料以及签到人员安排；

（6）参会人员指引所需物料及引导讲解人员安排；

（7）嘉宾接待人员、休息处、嘉宾资料的确认；

（8）提醒嘉宾入场、分享前准备及分享时间的人员安排；

（9）现场秩序维护人员及固定点位安排。

正式开展 VIP 活动

等一切准备就绪之后，接下来商家要做的事情就是开展活动。商家在活动开始后要时刻把控住活动的进程。要使得整个活动过程按照计划进行，商家在活动中就要尽可能调动现场的气氛，提高人们的参与热情。如果有意外事件发生，商家一定要及时处理，确保活动能继续进行。

VIP 活动结束后的整理与资源转化

活动结束后，商家团队要对活动成果进行整理，将通过活动得到的关注量整理出来，评估活动效果是否理想。同时，还要进行活动总结，为团队下次开展活动积累经验。

最后，商家团队需要做的就是将活动所得的资源进行转化，将这些参与者转化为自己店铺的消费者。

第五章

“术”——让 VIP 无法抗拒的接待技巧

成功的销售往往起始于一次成功的销售接待。要想提供完美的服务体验，就必须切实站在消费者的立场上，以提高客户购物体验为出发点，从客户的需求、情感入手，结合一定的服务技巧和话术技巧，有目的地、无缝隙地为客户提供与品牌匹配的优质服务。

VIP 客户的六大需求必须要了解

本节我们将探讨一个非常重要的问题：我们的 VIP 客户到底需要什么？

如果我们只了解客户的购买意愿，那是远远不够的。我们必须更深入地了解他们的需求并与之匹配。

下面，我们通过一个小故事来阐明这个问题。

有一只小白兔很喜欢钓鱼，于是就带着渔竿和它最喜欢的胡萝卜去了河边。一连七天，它都守在河边，可始终连鱼的影子都没看见。直到第八天，河里的鱼终于忍不住了，从水里跳出来给了小白兔一耳光，并告诉它：“你是不是有毛病？你拿胡萝卜钓了我一个星期，难道你不知道我根本就不喜欢吃胡萝卜吗？”

这个小故事说明了什么呢？那就是我们总是错误地认为只要将自己喜欢的东西送给别人，就一定能让对方满意。

小白兔喜欢胡萝卜，并不代表鱼也喜欢。而我们作为商家，最心爱的是什么？那便是我们的净利润。我们为了促销，经常把我们的净利润多让给消费者一些，但消费者却一点感觉也没有。这就充分说明了我们的让利并没有匹配到他们的需求。

所以，只有当我们了解了客户的需求，满足了客户的需求，他们才会被我们吸引，最后成为忠实客户。

那么，客户的需求到底有哪些呢？下面来我们来详细讲述。

1. 贪

人是有需求的，有需求就会有欲望，有欲望就会“贪”。可以说无人不“贪”，只是“贪”的程度不同而已。既然人都是“贪”的，那么我们作为商家，就必须了解客户“贪”什么，继而去满足他们。

在销售界中，有这样一句话：“客户要的不是便宜，而是要感到占了便宜。”只要客户有了占便宜的感觉，就容易购买你的商品。这个心理在实际中带来了很多成交机会。

比如，一些客户在购买衣服的时候，常常以对方不降价自己就不买来“威胁”商家，往往商家都会假装大出血地卖给她们，于是告诉客户“就要下班了，我不赚钱卖你了”“我这是断码的价钱给你的，你可不要和朋友说是这个价钱买的”。这些“小便宜”让客户实在地得到了，这时，客户一定自以为独享这种低价的优惠而爽快地掏腰包。商家的“大便宜”便不露声色地也得到了。

精明的商家总能营造一个让客户觉得占了便宜进而购买商品的气氛。由此可以看出，大多数客户买东西时会忽略对商品真实价钱的判断，而是想着能否让自己获得一个占便宜的满足，给自己一个会买东西的满足。

所以，我们在经营中，也要设计一些“小便宜”给客户。

比如，你是卖鞋子的，可否提供一个免费擦洗服务？当客户为了省下五元、十元的擦洗费而来到你的店铺，那你是不是就有机会了？

解决方案举例：

□ 针对客户讨价情况，申请领导给予这个价格 / 活动。

□ 介绍朋友过来送礼品，或者转介绍满 3000 元，免费送一双平均单价的鞋。

□ 每月固定时间赠送 VIP 客户免费小礼品（根据节气赠送实用礼品）。

□ 店铺增设糖果盘，茶水（不怕客户占小便宜，就怕客户不贪）。有条件甚至可以设立一个免费饮品区，配置符合品牌定位的饮品、甜点、糖果等。

□ 对于一些原本打算打折促销的货品，可告知申请上级给你优惠（一定让客户意识到自己占了小便宜）。

□ 店铺额外服务，免费干洗，擦鞋，送货上门。

□ 设置抽奖，特等奖一个，免费穿一双鞋子。当月客户累积，下月开奖，开奖当天必须到店，否则抽中无效。

□ 成交后，立即返现。

□ 首次建 VIP 送 200 积分，积分 1 元 1 分，500 积分低 50 元现金。充值满 4000 元送价值 1000 元以上鞋子一双。

□ VIP 专属特殊节日礼品。如 VIP 客户生日享受 5.8 折后，再折上 8.8 折。

□ 客户消费时拍照发朋友圈，赠送消费券。

□ 折上折优惠：如基础折扣 9 折，两件（双）折上再 9 折。

□ 建立 VIP 群，有计划地组织红包游戏。

□ 免费衣物终身保养。

□ 每月最高消费 VIP 客户可免费领取一套超值商品。

□ 每年设立一场 VIP 答谢会，每年的 5 月 1 日是我们的会员日，会员设置不同的现金券，普通会员 88 元，黄金会员 188 元，白金会员 488 元，钻石会员 888 元，星期二设置会员日双倍积分，雨天卡，直接折扣 8.5 折。

□ 店铺设置免费 Wi-Fi，准备各种型号手机充电器。

2. 嗔

何谓“嗔”？简单来说就是人的虚荣心。美国早就有人发现并研究过这个现象，这个人就是凡勃伦。凡勃伦是美国著名经济学者，他在《有闲阶级论》中探讨研究过这个问题。因此，这一现象——价格越高越好卖，被称为凡勃伦效应。

在书中，凡勃伦把商品分为两类，一类是非炫耀性商品，另一类是炫耀性商品。非炫耀性商品仅仅发挥了其物质效用，满足了人们的物质需求。而炫耀性商品不仅具有物质效用，而且能给消费者带来虚荣效用，使消费者通过拥有该商品而获得受人尊敬、让人羡慕的满足感。鉴于此，消费者都会不遗余力、毫不犹豫地购买那些能够引起别人尊敬和羡慕的商品。

从心理学上讲，爱炫耀的人，无非是想得到他人的赞扬、歌颂、羡慕，以求得心理自我满足。所以，在经营店铺的时候，商家们也要时常地问自己，我能否让其他消费者羡慕我家的客户？我的商品能否满足客户的虚荣心？这是一件非常重要的事。所以，在我们的店铺 VIP 系统中，能否让普通客户羡慕我们的 VIP 客户便是重中之重。

在具体操作方面，我们可以学习走红毯的模式。专设一个 VIP 收银台，在台前铺上红色地毯，并写上 VIP 尊享通道。有人肯定会说我们没有那么多客户，用不着这么做。其实这样做的目的只是以此来显示出你的店铺有 VIP 这回事儿，而且你的 VIP 客户会享受到不同的待遇。在其他方面，我们也可以设立一些 VIP 专享的设施，比如说 VIP 专享试衣间，VIP 免费茶水，VIP 免费水果，这些举措的成本非常低，但是给客户带来的体验则是非常好的。

再比如一些高端品牌的做法，他们会在店面中分隔出很大一间 VIP 专属休息室，而在其中则摆放着最新款的服饰。

这些方法既增强了 VIP 客户的购买力，更让那些普通客户产生羡慕之情，可谓是两全其美。

解决方案举例：

□ 店铺推行按摩服务功能，设置专属 VIP 按摩椅，舒适的环境，尊贵的服务体现，为客户缓解疲劳。

□ 针对 VIP 客户设立专属试衣间及服务。

□ VIP 客户专属优待服务，VIP 专属水杯，VIP 专属拖鞋。

□ 赞美客户身材、气质、品位等。比如，赞美客户穿着服装，胜过品牌代言人，赞美客户的气质，让其为品牌拍图代言。

□ 客流量大时，引领客户去 VIP 试衣间试衣服，让她有满足感。

□ 遇到 VIP 客户带孩子逛店，赞美孩子。

□ 设置 VIP 专属体验区，VIP 专属折扣区，设立 VIP 通道，VIP 宝宝专属游戏区，VIP 专属礼品，VIP 专属积分日。

□ 不定期组织 VIP 娱乐活动，VIP 私人定制全家露营，私人定制活动录影在店播放。

□ 设置镀金、镀银的特制 VIP 卡，让 VIP 客户感受尊贵感。

□ VIP 专属购物袋。VIP 专属礼品，包装特制 VIP 专属字样。

□ 制作 VIP 邀请函，让 VIP 客户体会到自己的尊贵。邀请函只分发给部分人群（消费额度高的），邀请的客户专人接待，并享受额外的奖励。

□ 针对 VIP 客户购物进行现场红包大抽奖。

□ VIP 客户一对一专属服务。

□ 设置 VIP 限量款。

□ VIP 免费沙龙会。

□ VIP 专享、价格、指定商品惊喜价。

□ 为 VIP 客户提供上门送货服务。比如，针对大单 VIP 客户，奔驰车免费送货上门。

3. 痴

所谓“痴”，简单来说就是执着、痴迷、上瘾。在前文中我们讲了“贪”与“嗔”，当你满足了消费者的贪便宜心理与虚荣心的时候，他们就容易失控，就会上瘾。

除此之外，我们的商品本身，也必须要有爆点，能够让消费者发出尖叫，比如尖叫的价格，尖叫的装修，尖叫的服务，尖叫的搭配，把与商品相关的每一样都做好。

下面我给大家举一个例子。

很多年前，我买了一台戴尔的笔记本，那个时候还没有网购。我当时是在《读者》上看到戴尔的广告，那时候戴尔还没有实体店。我当时胆子很大，直接从工商银行汇款过去。因为戴尔的笔记本性价比很高，非常吸引人，我也没多想就买了。后来，有一次我在用吹风机的时候，由于有急事，就把正在运行的吹风机放在了电脑上。结果电脑的键盘被吹风机吹得变形了。

既然弄坏了，那我就想办法修。但是电脑是通过打电话的方式购买的，不知道去哪儿修理。

于是我就打戴尔的售后电话。戴尔的工作人员问我，你这个电脑的键盘是怎么坏的，我就如实地告诉了他，说是自己用吹风机的时候不小心把它吹坏了。戴尔的客服说我这是人为的，没有办法对机器保修。

我说不知道去哪儿可以修，打这个电话是想请你们帮我修一下，可以付费用。客服那边说需要向高级经理请示一下。结果一会儿之后，戴尔的客服就打电话过来，告诉我他向高级经理请示了。由于电脑的键盘是人为损坏，不属于他们的售后范围。但是他们的高级经理告诉他鉴于我对他们品牌的信任，所以决定免费送一套键盘给我。

结果一天之内我就收到了快递。收到之后，按照附带的安装说明，我很快就把新键盘安装好了。这是我人生中第一次购买电脑，就获得了这么好的服务体验。从此以后，我对戴尔电脑十分信任，这么几年我累计买了 6 台电脑都是戴尔的，间接介绍的至少 200 台。

所以说，我们一定要让客户痴迷我们的商品，如果商品的魅力不够，你提供能够让他痴迷的服务也是可以的。就像为什么我们愿意去吃海底捞，就是因为服务好，让人痴迷。

解决方案举例：

□ 记住客户的姓名，拉进客户和我们的亲近感。对客户像朋友一样，有私密话题并礼尚往来。

□ 准备百宝箱，解除客户的尴尬。

□ 牢记客户的各项特征，给客户贴标签，当客户到店后我们要了解她的喜好、特点。

□ 加微信，常联系，敞开心扉，畅所欲言，把客户当朋友一样对待。

□ 店铺放置 zara home 的香薰，清新淡雅的味道，炎炎夏日让客户感受到海洋的气息。

□ 店铺音乐以及整体店铺服饰及装修风格选择，切记不要全部放流行音乐，尤其对于一些有生活品质的客户，可以选一些高格调的轻音乐。

□ 给客户做一些护手类的增值服务，在销售过程中，偶尔的一些肢体触碰可以拉近与客户间的距离。

□ 店铺准备水果、糖、茶水等必备品，让客户随时来都能找到家的温馨感。

□ 端庄靓丽，有职业标准的整体员工形象。

□ 专业的店面形象，有格调的店面装修。

□ 提供专业形象搭配，选择符合客户的服装设计搭配，提升客户着装品质和自信。

□ 做好售后服务，VIP 客户不管什么品牌的鞋，我们都免费维修及护理，针对我们品牌的商品半年之内无法修复的给予包换新鞋，客户购买无条件退换。

□ 店铺内布置应季场景花卉：如 ×× 月的油菜花，×× 月的杜鹃花等，让客户有强烈的户外场景感受。

□ 鞋店店铺内 VIP 专属足部测量仪，为 VIP 客户量身打造高端定制商品。

□ 根据 VIP 的喜好分类建群，定期开展不同类型的户外活动，让客户真实感受商品的功能性、优越性。

4. 惊

当我们掌握了人性的“贪”“嗔”“痴”之后，那么我们的客户必然会被我们折服从而痴迷上瘾。但是对于新客户，我们该如何一次就俘获他们呢？那就是我们接下来要讲的——“惊”。什么叫“惊”？那便是惊喜、新鲜、意外。要如何满足这一点呢？

我来举一个例子。

我平日里经常出差，一个星期可能最多回家两天，所以晚上我经常会打电话给我太太。有一次我问她这几天有没有想我，她说想你又怎么样，你又不可能马上回来。我说你只要说想我，我就立马出现在你面前。她很配合地说了一句：“我想你。”说完我就告诉她，你开门吧，我回来了。她说怎么可能。我说那要怎么证明我在外面，她说你按一下喇叭，接着我就开始按喇叭，然后她就惊喜地打开门迎接我。

这就是惊喜，让她非常开心。之后我总是这样，每次回家都不告诉她，结果时间久了，她就开始有怨言了。这本身是多么好的一件事，结果反而变成了一件坏事，为什么？因为重复的次数太多了，所以说制造惊喜，对同一个人不能用多次，如果用多了，他就会变得不舒服，非常不爽。因为这个已经不新鲜了，不意外了。

所以说，我们的客户在我们的店里，如果你也能给他创造一些意外的惊喜，他的感觉会完全不一样。那么，我们如何去给客户创造意外的惊喜呢？我们先来探究一下它的原理是什么。要想给客户意外的惊喜，首先你要管理客户的期望值、体验值。

什么叫期望值、体验值？

比如说，我的太太让我买花，于是我就给她买花，那么期望值就等于体验值。当希望值等于体验值的时候，客户会基本满意。当他基本满意了，他就会重复购买。

第二种，希望值大于体验值，那么客户就会不满意。她希望你给她送花，结果你没有送花，那么希望值就大于体验值了，所以客户就不满意。当客户不满意的时候，客户就会流失。

第三种，希望值小于体验值，她没想到你会送花，结果你送了，那么客户就会非常满意。当客户非常满意的时候，客户就会推荐别人也来购买。

在店铺经营中也是一样的。客户在买单之前，你不要去给他承诺。比如说你买这双鞋，送你两双袜子。那么他买了一双鞋，你送了两双袜子。之后呢，他会觉得这是天经地义理所当然的。

所以我们应该这样做：买单之前不给他任何承诺，买单之后当他离开你时，你再跟他说，我们老板从某某地方进货刚回来，他发现那边有一个丝袜厂，丝袜的品质非常好，市面上比较少见，他给了我 20 双，让我送给最重要的 20 个客户，我已经送了 18 个客户了。刚才我们所有的店员都觉得你人特别好，让我送一双给你。现在还剩两双，一双灰色的，一双黑色的，您来挑一双。当她说要黑色的或者灰色的时候，你再告诉她我们大家都特别喜欢你，最后两双都送给你了。现在你想想，这个效果是不是要比一开始就承诺送两双好？

在买单之前没有承诺，客户就没有期望值，结果送给客户就是意外的惊喜。送的时候让她从两双里挑一双，所以那时客户的期望值是一双，最后送给她两双，她就会非常惊喜。

还有，如果客户过来，每次都送袜子，就像我太太一样，每次我回去都给她一个惊喜，她就乏了，她就会觉得你这个人不尊重她。店铺经营送礼物也是一样，你每次都送，只要有一次不送，客户就急了，这样就适得其反。

我们的店铺如果给客户创造一次惊喜，客户就会有好感。给客户创造三次惊喜，客户就会很震撼。如果你能给客户创造五次惊喜，客户就会受不了。越多的惊喜，客户就会终身难忘。那么该如何给客户创造各种各样的惊喜呢？

我举几个例子。

夏天的时候，女士们都喜欢穿丝袜。这个时候，如果你看到有一个客户用手捂着腿在走路。很可能是她的丝袜刮花了。这个时候你发现了，你说快过来，问她是不是丝袜破了，并把自己刚买的丝袜给她，让她换上，告诉她这是免费送的。

当客户尴尬的时候，你主动送她一双丝袜，她心里会惊讶，因为她完全没有期望，她肯定会非常感激。

还有大家都知道，买的新鞋容易磨脚。你发现了之后，就让客户坐下把鞋脱下来，然后用创口贴帮她贴一下，并送给她几个创可贴带着备用。一个创可贴不过几毛钱，你这样做之后，客户就会很感动。如果你店里还有撑鞋器，也可以帮她撑一下。

再比如，客户到我们店里来，这个客户是骑着电动车来的。夏天骑电动车有一个特点，那就是太阳一晒，车座就会很烫。所以他离开的时候，你用湿毛巾帮他把车座擦一擦。这个小动作一定会让你的客户惊讶，因为他很少享受这样的服务。如果是下雨天，就拿出干毛巾把车座擦一下，他也会印象深刻。

当我们不停地给客户创造惊喜，客户就会受不了。客户受不了，就会经常来买。所以说，每当客户遇到尴尬的场景时，你去帮助他解决，这就是给客户创造惊喜的方式。

解决方案举例：

□ 礼品二选一，实际都送。

□ 当客户成交后，我们刚好是用餐时间，马上给他送上一张本商场的用餐券。

□ 当客户进店时，如果他的鞋子湿了，主动帮他用烘干器把鞋子烘干；或者看到客户的鞋很脏，在客户试鞋过程中悄悄将脏鞋给客户清洗干净。

□ 客户成交后，准备离店时额外送他一份礼物，客户的家人也额外有小礼品相送。

□ 试鞋中发现客户袜子破损，立刻拿一双新袜子递给客户。

□ 销售之后写一个小卡片，上面写上祝福语，并告知客户洗涤方法。

□ 夏天，客户进店递给一包湿巾，倒水让客户喝，让客户坐下休息。

□ 对过生日的客户资料及时整理，在生日前 12 点发送生日祝福短信或赠送礼品（送货上门，快递包邮到家）。

□ 对于店铺季度的陈列风格、空间布局、陈列物品等进行更改，让客户有一种鲜明的体验感。

□ 把客户脱下的旧衣物熨烫整齐。

□ 异业联盟，买衣服搭配鞋子、包包等可享优惠打折，也是惊喜，但是得等成交以后再说。

□ 客户有时穿着自己的鞋磨破脚时，为她贴上创口贴再送两个给她，给她鞋磨脚的地方贴上防磨贴。

□ 雨天免费给 VIP 客户提供雨伞，或雨伞免租，支付少量押金就行。

□ VIP 客户带小孩购物，准备适合小孩的玩具，如漫画书、贴画等。

□ 冬天，如果客户穿的毛衣起球，可以用剃毛球工具帮忙剃掉衣服上的毛球。

□ 对 VIP 客户提供上门售后服务。

□ 每天设置 1 个 VIP 客户吉祥数，送精美礼品。

□ 邀请 VIP 客户参加品牌团建活动。

5. 喜

接下来，我们再来分享一下如何满足客户的“喜”，在这之前，我们先区别一下“惊”和“喜”的不同。惊，就是让客户感到意外，而喜则是喜爱、喜欢。如何让客户喜欢我们？无非就是喜欢我们店铺的购物环境，喜欢我们的商品，喜欢我们的服务，喜欢在我们店里的感觉。那又该从何入手呢？我们可以从视觉、听觉、嗅觉、触觉、味觉五个维度入手。

□ 视觉

视觉对人的影响可以说是最重要的，是第一印象产生的根本依据。客户上门，他必然会先看到员工，接着看到装修陈列，最后才会看到商品。员工给他的感觉，将会决定接下来事态的发展。如果员工给他的感觉很舒服，他就很愿意跟员工沟通。如果员工给他的感觉不舒服，那么员工讲得再多也没有用，客户也嫌烦。所以，员工要让客户感到舒服，就必须注重穿着和面带笑容。

□ 听觉

听觉主要指店铺的音乐。在店铺中，我们要保证客户听到的音乐是正能量的、开心的、积极向上的。正能量喜剧片的主题曲是一个非常好的选择，它能让别人听到以后感到兴奋，感到快乐。客户在兴奋快乐的时候是最容易成交的。

比如，童装店里适合放动画片的主题曲，只要音乐响起，小朋友就会想到动画片，他就会产生条件反射，自然就会很快乐。这个时候他妈妈问他这个衣服好不好看，喜不喜欢，小孩子开心的时候，当然会觉得什么都好看，什么都喜欢。

□ 嗅觉

就是说你的店铺里要萦绕着淡淡的香味，而且在选择香水方面要肯花成本，便宜的香水不要用，要用就用好的。为什么要用这么好的香水？因为好的香水打分很高，清新淡雅型的味道总是若隐若现的，那么客户在这里就会很舒服，他跟你的距离就会拉近，就愿意靠近你。

□ 触觉

当我们形容两个人关系好会怎么形容呢？会说他们两个人亲密无间，手拉着手，说明他们关系好。所以你的客户过来了，你要不要让他感觉跟你的关系很近很好呢？你是想把他当成客人还是朋友呢？所以只要跟他产生肢体上的接触，你们的距离就会瞬间拉近。这个时候成交就变得很容易，客户的满意度也会很高。

□ 味觉

当客户到我们店里，我们可以通过一些食物、饮品来给他留下一些味觉印象。但是切记，在店铺里面不能准备薄荷糖和绿茶。因为薄荷糖、绿茶都能提神，绿茶还能利尿，喝完容易上厕所。所以你的客户如果吃了薄荷糖、喝了绿茶，会越来越清醒。再一个，如果你在让他充值或者办会员，结果到了一半他想要上厕所。所以，我们应该准备甜食，甜食最容易让人开心，让人兴奋。

倘若你真的能够掌握这五觉的用法，那么你的客户将必然爱上你的店铺，必然会喜欢你的员工。只要客户真的喜爱你们，这个时候你给他创造的很多惊讶，就通通变成了惊喜。

解决方案举例：

□ 设置免费儿童活动区。

□ 如果客户带着孩子进店，我们给孩子送上漫画书、棒棒糖等。如果孩子非常喜欢漫画书，走时可以送给他。

□ 下雨天 VIP 客户进店躲雨，看见客户没带伞，我们送一把伞。

□ 客户手机没电，帮客户充电。

□ 让客户进店后有归属感，让客户自己点歌，记住客户喜爱的歌曲，下次来主动播放。

□ 准备当季客户所需的小礼品，临走时送给客户。

□ 第一时间了解客户需求，货品以当下流行为趋势，按照节气陈列。

□ 店铺音乐结合客户群，选择当下流行音乐，早晨，中午，晚上，节假日更换音乐。

□ 收集客户资料，第一时间知道姓名，了解客户的需求、风格、喜好，帮客户搭配。

□ 店铺橱窗情景化、生活化，店内灯光明亮、柔和，不同服饰区设置不同的灯。用美好的场景吸引客户的眼球，让客户有回家的喜悦。

□ 店铺试衣间专属打造女性闺房，温馨典雅，设有梳妆台，弥漫清新淡雅的味道。

□ 店铺灵活性的退换货服务，一切本着以客户满意为中心。

□ 每年的母亲节、父亲节，特制孝心卡和孝心专场布置。

□ 贴心的服务，比如，帮客户理理裤脚、系鞋带。

□ 让客户进店能感受到舒服的环境，能闻到淡淡清新的香味（价值高档一点的香水）。

□ 男性客户由女性店员服务，如试衣环节，店员给客户调整肩位；女性客户由男性店员服务，如夸赞客户首饰（戒指）。

□ “所有的饮料、甜品等由本店亲自制作，只为尊贵的您。”春夏季冷饮，如绿豆糖水、银耳糖水等；秋冬季准备热饮，如黑枸杞温开水。

6. 感

感，就是感动，这是最能打动客户的一个点，当客户感动了，你再做任何事都不会太难，客户会被你牢牢锁定。那么，如何感动客户呢？我们可以从以下三点入手。

□ 在经营店铺中，客户进店的时候，我们就要想办法让他感动。当客户一进来，我们就要嘘寒问暖，就要主动地了解他们的需求，解决他们的尴尬。这个时候就是让客户感动的机会。

□ 节日维护。每当节日，大家都在给客户发祝福，但是你不要发信息，你给客户打电话，或者是发个红包，这样客户就会有感觉，对你印象深刻。平时，大多数人喜欢在周六周日给客户发信息，你不要这个时候发，可以选择星期二或星期三，因为大家都给客户发信息的时候，他会烦。当大家都不发的时候你再发，客户就会认真地看。

□ 我们可以选择在对客户来说重要的日子去维护他，这点很重要。我来给大家举一个例子。

假如有一个客户，他的生日是 5 月 28 日，生日当天送给他一个蛋糕，他会不会有感觉？我认为他不会，因为大家都在这样做，这个商家送张贺卡，那个商家送个礼物，他早就习惯了，不会有感觉。那么，我们需要进行精心的安排，制造出一场让人感动的生日庆祝会。比如，联系他所在公司，生日当天为他送去礼物，与全体员工一起为他祝福。他就会十分感动。因为，这不仅仅是一份礼物，而是一场活动了。

所以说，同样一个生日，同样一个蛋糕，我们可以用这样用心的方式，让客户有一个不一样的感觉，他就会很感动，就会终身难忘。

解决方案举例：

☐ 当客户挑选了五件以上商品时，真正挑选出适合客户的几款，不建议都买，让客户感受到真正的关心。

☐ 牢记客户的姓名、了解客户的忌讳、熟记客户的喜欢。

☐ 能够第一时间捕捉客户的身体语言，敏锐发现客户的需求，及时为客户提供服务。

☐ 春节前两个月，整理 VIP 消费明细，并筛选出高端会员，定制爱心水果篮，在春节前一个月将水果篮送至客户家里，或者快递到家，并且附有爱心贺卡，亲笔写的哦！

☐ 每周分批次煮好当归蛋，约女性 VIP 客户到店品尝，来店后试探性地介绍新品和性价比高一点的适合她们的鞋服。

☐ 当客户进店手里提了很多东西时，主动给一两个购物袋，出门时帮她送到车上。

☐ 不定期打电话给 VIP 客户，了解她穿了 ×× 品牌的鞋子，是否满意，有没有不足的地方。

☐ 做好节日维护，可以发放红包，发个短信问候或者祝福话语。

☐ 生日当天给客户准备一份礼品。

☐ 介绍商品说实话，把客户当作最重要的人。

☐ 客户在我们店周围，远远微笑地看着她，并热情打招呼，天气热邀请她们来店里喝茶。

☐ 客户来了给她的鞋子护理，检查她的鞋子是否要维修，带家人来的给老人倒杯茶，小孩子领到玩具区帮忙照看，把糖果放在小朋友可以拿到的位置。

☐ 半跪式服务帮客户试穿鞋，主动为客户解开鞋带，系好鞋带，扣好扣子。

□ 注重细节，语言赞美（赞美穿着、发型等）、主动分享（根据其选择商品，主动分享相关故事，引起共鸣）。

□ 针对商品用途、特性、功能为客户答疑解惑，用专业的水平征服客户。

□ 微信互动，如：点赞、评论、关怀，少发送有关销售活动的信息。

□ 吃饭时间给 VIP 客户订一份餐，邀请客户一起用餐。

□ 专车接送邀约客户到店或回家。

四个法则 99% 偷走 VIP 的心

本节我们将给大家介绍成交 VIP 的四个偷心法则。这些成交的客户之所以到别人那里去，说明他们的心被“偷”走了，那怎么办？我们就要用科学的方法再把它“偷”回来。

法则 1. 出格的现场破冰

破冰是销售的第一步，一次美好的破冰抵过千言万语。破冰速度越快，我们成交的速度也就越快。破冰越震撼，给客户留下的印象就越深。

什么叫现场破冰？简单来讲，现场破冰就是客户进店之后，如何跟他保持互动，如何在 30 秒或者 1 分钟之内就能让客户接受你。

我们知道，第一印象是非常重要的。如果你给别人的是一个非常完美的印象，对方就愿意跟你沟通。如果第一印象建立得不好，那么之后需要花很长的时间才能改变别人对你的印象。破冰也是一样的道理，你能否在短时间之内，给别人一个非常好的印象，让别人愿意跟你交流。

通常来说，客户进店时，我们的标准流程是面带微笑，然后大声说欢迎光临某某品牌。其实当我们这样做的时候，客户基本上是没有感觉的，为什么？因为全行业都是这样做的。甚至有些客户听到“欢迎光临”这四个字之后，反而心里会不舒服，因为他们知道在听完欢迎光临之后，接下来就听不到真话了。

如果客户继续往里面走，这时店员又会说请随便看，客户还是没搭理你，接着店员又说喜欢可以试试，客户还是没有搭理你。我们经常会遇到这种情况，那到底该怎么办呢？是跟着还是不跟？人家嫌你烦怎么办？如果客户烦了，你后面怎么推荐都没有用。那你不跟这个客户走了怎么办？所以这种破冰的方式是错误的。

用赞美的方式去破冰呢？其实也很难，而且有风险，因为我们的员工要想达到这种可以准确地去赞美别人的水平是很难的，一个不注意，就会弄巧成拙。那该怎么办呢？我们可以去培养员工的动作和流程，这是非常容易培养的。

我来举一个实际的例子。

夏天天气热，客户一进来，是不是可以递给他一张湿纸巾？冬天的时候则可以递餐巾纸。因为冬天灰尘也比较大，可以擦擦脸。这是第一步。

第二步，当客户往里面走，你也不要提看衣服的事，而是问他需不需要喝点茶水，我们这里有红茶、绿茶，有红枣桂圆茶，有热的有凉的，有加糖的，有不加糖的，还有矿泉水。当你端过去一个盘子，盘子里放着各种各样的饮品的时候，其实消费者就开始感动了。

如果客户继续往里走，这个时候你可以把准备好的糖果端上来，然后招呼客户来吃点糖果，有些人会吃，有些人会说不吃甜食。如果他说不吃甜食，那就再端另一个盘子过来，这个盘子里面是各种各样不甜的小食品。到这一步的时候，他对你的感觉就已经越来越接近了。因为你一直在服务他，从头到尾都没有跟他说买东西的话题。

我们再来看看出格是什么意思，出格就是过分，它本身是一个贬义词。但是我们对别人也可以过分的好。你只要一过分对他好，他就会感动。

我们来回顾一下刚才的操作，当客户一进来我们就给他一张湿纸巾，不用他张嘴索要，我什么话都没有说，直接说外面有点热，非常贴心地给他一张湿巾。再到他进来之后，我给他准备的是各种饮料和丰富的糖果，比平时家里准备的还要多。这就叫出格，用充足的数量来显示自己的慷慨，而不是只拿一点点。

法则 2. 难忘的感动服务

在前文中我们分享过如何让客户感动，本节中我们再进行一些拓展讲解，重点放在如何在自己的店铺中制造感动。我先来讲几个事例。

一个客户到了我们店里，进门就给了他一瓶矿泉水。但是之后这个客户什么也没买，然后在临走前又问能不能再给他一瓶矿泉水。按照正常的逻辑，大家会觉得这个人脸皮好厚，那我会怎么办，我会再给他两瓶，这样才叫印象深刻，这才叫感动。

还有一种情况经常发生，我们在店里准备了一个大果盘，结果来了个带小孩的客户，小孩看见吃的就眼馋，想把好吃的全部塞进口袋，这时你该怎么办？你管他，孩子家长不高兴；你不管，他就都拿光了。这时你应该上前抓起东西往他口袋里塞，你塞得越多，他的家长就越不好意思，这样他才会感动。

服务的第一点就是要让客户有出乎意料的感觉，就是不能让他想到，他要一瓶你给他一瓶算什么出乎意料，直接加倍给他，这才是出乎意料，这样的话印象就非常深刻，客户才会感动到难忘。

法则 3. 送客的完美印象

我们在送客人的时候，有没有给他留下一个完美的印象？营销就是营造消费者的印象，消费者的印象越深，这个品牌知名度就越高，消费者的印象越好，这个品牌就越有价值。

那么，我们如何去给消费者留下一个好的印象？不管客户买不买，我们在送客的时候要把他送好。当客户要走了，你要送他了，我们就拿出给客户准备的小礼物。等他走出门了，然后追出去送给他，这个印象就会非常好。

还有我们怎么去引导客人的印象呢？比如说这个客户是熟悉的，客户要走了，可以拉着她的手问下次什么时候来，就像自己的亲戚朋友一样，有个完美的送客印象。客户走出去后，不仅要目送，还要挥挥手，等客户消失于视线后再回来。如果客户还没走远，一回头看到你早就回去了，就会感觉很失落。

如果这个客户是个男性，你作为女性不方便拉手，那就用一些小细节搞定他们。比如，客户说要走了，你就像姐姐或者妹妹一样，帮他整理一下衣领，这一下客人就会很感动，会觉得你实在是太体贴了。

如果这个客户是个陌生客户，不太方便拉手拥抱，那你可以鞠躬送别，但是要让他看得到。送出门说完谢谢惠顾之后默数 1、2、3 后鞠躬，然后说请慢走。为什么要数数？因为当你说完谢谢惠顾的时候，人家正好会回头看一眼。他回头看你的时候，你鞠躬了，他也就感动了。

法则 4. 死党般相互信任

你跟你的客户之间，是否有死党般的相互信任？我们都知道，现在人与人之间最重要的就是信任。如果你和你的客户是死党般的相互信任，你给他推荐什么，他就会买什么。那么，该如何跟客户产生信任？首先是你要先去信任客户。也就是说，你要想和客户相互信任，就必须要有共同的秘密。

我来举个例子。

有一个客户买了我们家一件连衣裙，发现我们家的一条项链很漂亮，但是价格要 398 元，她肯定会问你能不能便宜点，这个时候你不能说送给她，也不能说给她打折，因为一直以来她都喜欢讨价还价。

那么该怎么说？我会告诉她别买。为什么？因为只有跟客户保持很好的关系，才会建议客户别买，客户最相信这样的人。那她说她特别喜欢怎么办？我就让她先去买单，然后再来找我。等她回来，我就把项链偷偷放进她包里，然后告诉她我们每个月 25 号盘点，在那之前还给我就行。到时候她还给你，你们之间是不是就产生信任了？

我们通过这样的方式，逐渐建立与客户的信任，这样慢慢地就会成为死党。她天天拿你的东西，还好意思到别的地方去吗？这个时候你要求她帮你介绍几个客户她会拒绝吗？大家的关系都那么好了。所以说一定要跟你的客户成为死党，成为兄弟，成为闺密。

【落地指导】

（1）用表格建立你自己企业的 VIP 标签库。

（2）围绕 VIP 客户的六大需求，每一个需求写出五个落地策略。

（3）讨论客户在我们店里常见的 20 种尴尬的场景，并讨论出对应的解决方案。

必须精通的十大 VIP 服务技巧

前面我们讲了 VIP 客户的需求和成交法则，如果想要真正成交客户，我们还需要学习一些服务的技巧。只有懂得服务技巧，服务好了客户，他们才会心动，才会买单。那么，如何来服务客户呢？我们可以从以下十个方面着手。

每单礼

什么叫每单礼？就是客户每一次过来购物都有礼物送，这叫每单礼。当然，我们在做每单礼的时候，也有一些注意点。比如说新客户和老客户之间的区别，新客户过来，不要一下子就给他很贵的礼物。一是因为他本来就是首次购物，我们从他身上获得的利润有限。二是因为你送他很贵的礼物，他会怀疑你，会觉得你的利润真高。所以先不要给他那么好的礼物，送一些稍微普通一点的。老客户就一定要好一点，因为你已经赚到了他的终身价值，他下次还会来，所以要越来越好。每一次过来的客人都有礼物，他就会不停地过来。

塑价值

我们在送客户礼物的时候，一定要去塑造礼物的价值，这个很重要。比如说这个商品是我们老板国外的朋友送他的，他觉得这个商品很好，特地又采购了一些给我们寄过来，通过这种特别提醒商品是国外的方式来塑造礼物的价值。

其次，我们可以塑造商品的功效，比如说某个商品护手的功能特别好，我们就要塑造它的功效，说明商品的好处。比如某个洗衣液，我们可以说这个是明星代言的，很多明星都用，而且不会过敏，用完之后对我们的皮肤没有伤害。

再次，我们可以塑造商品的季节价值，这个季节用某个商品特别好。比如说我给客户准备一些姜茶，这个姜茶特别适合什么什么时候喝，喝了对身体非常有益。

最后，我们还可以塑造节日的价值、职位的价值等。我们要不停地去塑造价值，就是你送给客户的东西，不能直接给完就不管了，你要告诉他有什么价值。

多品类

我们给客户赠送礼物一定要多品类，不同的人群适合的礼物是不一样的，不同的年龄适合的礼物也是不一样的。所以说，我们的礼物品类一定要足够多，我们的茶水品种要足够多，糖果点心需要足够多。比如，有些人是不能吃糖的，有些人是特别喜欢吃甜的，有些人是不能吃荤的。只有品类足够多，才能满足不同客户的需求。

二选一

什么叫二选一？二选一就是送给客人礼物的时候，我们准备一个贵一点的和一个便宜一点的。比如说，我这里有一双价值 128 元的丝袜和一瓶 50 元护手霜，您看您选哪一个。这个时候客户肯定会选贵的。这时候互相一对比，等他选完以后就会感觉特别好。

留一手

什么叫留一手，就是给后续的联系留一手。在销售的时候，你想跟客户沟通，但是找不到话题，那你就要留意客户所透露出来的信息，客户说：“哎呀，我这个脖子不太舒服。”那你可以说自己认识一个老中医，给他介绍一下。这个时候就可以加客户微信，给他推荐名片，这些就在为后面联系他留一手。

另外，客户觉得我们家某个东西比较好，问能不能再给一个。那我会说实在不好意思，这是最后一个了，我跟公司申请一下，让公司再去采购一点，等到货了我第一时间给你打电话。其实你这里还有很多，为什么不给他？因为人是贪得无厌的，如果你给他，他觉得你有很多要个没完怎么办？所以我留一手，告诉他没有了。但是过一段时间，新品上市了，这时候你就要通知他来，在拿礼物的时候对他进行营销。

爱吃亏

我们做生意最大的问题是什么？为什么生意做不大？就是不肯吃亏。当你永远都不肯吃亏的时候，一味的精明谁愿意跟你做生意？整天就想着占别人的便宜，自己一点亏都不肯吃。所以，我们要有一个肯吃亏的心态，所谓吃小亏赢大钱。我今天吃了这个人的亏，他下次一定会对我好。那你的生意才能人聚财聚，大家都愿意跟你做生意。

一给二

一给二就是客户要一个，我们就给两个。一给二的道理就是我们给予客户的，要永远超出他的期望值，让他永远猜不到我接下来要做什么。这样他才会有惊喜，只有不断地给客户惊喜，他才会感动。

转介礼

如果有老客户介绍新客户给我们，我们就要给他转介礼。要注意介绍不同的客户要给不同的礼物，所以在我们的门店，要常备多种礼品。客户介绍了什么样的新客户，新客户买了多少，就给相应的礼品。但是不论新客户的质量是高是低，客户只要介绍到你这里，就有礼品拿，那么他就愿意帮你介绍。

特地留

我们要让客户有一种感觉，即自己是独特的、被重视的感觉。假如客户喜欢的东西暂时没有，我们先欠着，然后过一段时间通知他，这个东西到了，说我特地给您留了一个，那么他心里就会很开心。

亲手做

手工制作，代表着你的心意。比如说我们做服装的，可以买一些樟脑丸，再买一些好看的布料，做一个小锦囊。然后写一个小纸条，告诉客户把这个挂在衣橱里可以防虫蛀，是自己亲手做的，打包的时候放到客户包里给他带走。别跟他说是什么。他回到家后一看你亲笔写的东西，感觉就不一样，这叫亲手做。

【落地指导】

（1）为你的商品塑造品牌价值。

（2）亲手制作一些赠送的小礼品。

（3）精选出适合送礼的 30 件礼品。

熟练掌握从不外传的 VIP 客户接待话术技巧

我们知道，一次成功的销售，一定是从一个良好的接待开始的。面对 VIP 客户，如何在前期就把他们吸引到你的销售中来，是一项非常重要的任务。无论是现场接待，还是电话邀约客户，没有高超的说话技巧，都是很难留住客户的心的。本节就来讲一讲 VIP 客户接待的一些话术技巧。

VIP 电话邀约客户的技巧

电话邀约是如今 VIP 管理活动中不可缺少的方法之一，但是目前电话邀约的工作开展不是很理想。首先是人们的警惕心提高了，再者人们对推销者的态度也不是很好，而且太多品牌的电话邀约流于形式。

如何利用电话销售技巧和方法，打有品质的电话？如何增加 VIP 客户复购的概率？如何通过电话邀约提升店铺的销售业绩？本节将详细解答。

1. 电话邀约的流程

数据收集 → 数据分类 → 准备工作 → 制定目标 → 挑选人员 → 话术培训 → 奖励机制 → 时段总结。

2. 电话沟通时的技巧

（1）致电前的准备：①客户的基本信息（姓名、年龄、职业、家庭等）。②在店铺曾经的购买经历、所领礼品。③个人喜好。④所忌讳的事情（比如：家庭、子女）。⑤客户的充值情况、充值余额。

（2）开场白，黄金 10 秒：①在电话洽谈里，吸引人的开场白很重要，因为客户有自我保护意识。通过建立良好的第一印象，客户会更加轻松、信任和愿意去聆听你的话。②主动提供品牌名字和你的职位、姓名，如 ××× 品牌 VIP 经理 ×××、××× 品牌店长 ×××。③电话开始关切客户的问题或意见。

（3）通话中：①适应客户的声调、速度和语言。②热情，语言抑扬顿挫。③专业特性。④高效率且有效率地帮助客户解决疑问。⑤可信任的（体现你的专业）。⑥倾听和提问（表示对客人的话题感兴趣）。⑦主动地询问客户感受。⑧适当的幽默（避免讽刺）。⑨找到共同话题（客户关心的）。

（4）做好每通电话的详细记录，登记号信息，便于汇总、跟进。

3. 客户等级升级话术

亲爱的 ××× 小姐 / 先生，您好！ ××× 品牌客户服务中心，感谢您一直以来对 ××× 公司的信任与支持。由于您对我们品牌长期的高度关注，我们很荣幸地通知您，您现升级为 ××× 品牌的 VIP 钻石卡客户，由客户服务中心为您提供服务，我是您的服务顾问 ×××，从今日起您将免费享受以下专属服务：……

以上服务的详细内容，我将会以短信和电子邮件方式分别发送至您的手机和邮箱，以便您更详细的了解。我是您的服务顾问，您现在是否方便记下我们的联系方式？

（如是）店铺的电话，公司邮箱。

（如否）没关系，那稍后我将联系方式和服务内容一同发送给您。您有任何问题和需求请直接与我联系，我叫 ×××，随时为您服务，再见！

4. 新品上市邀约话术

亲爱的 ××× 小姐 / 先生，您好！我是 ××× 品牌的客服专员 ×××，今天给您打这个电话主要是本周店铺有新品上市，新到的商品风格、颜色都有 ××× 小姐 / 先生喜欢的。请问您这会儿说话方便吗？

（如是）××× 小姐 / 先生喜欢 ××× 颜色、风格、系列的商品。这些新品上市的商品有您喜欢的类型。如果 ××× 小姐 / 先生有时间，我们很荣幸地邀请您到店铺，在 ××× 时间是客人最少的时候，让我们有机会给您提供最热情周到的服务。

（如否）没关系，那稍后我将联系方式和服务内容一同发送给您。您有任何问题和需求请直接与我联系，我叫 ×××，随时为您服务，再见！

5. 促销推广活动邀约话术

亲爱的 ××× 小姐 / 先生，您好！我是 ××× 品牌的客服专员 ×××，今天给您打这个电话主要是本周店铺有促销活动。请问您这会儿说话方便吗？

（如是）××× 小姐 / 先生喜欢 ××× 颜色、风格、系列、尺码的商品。这次促销的商品有您喜欢和适合您的商品。如果 ××× 小姐 / 先生有时间，我们很荣幸地邀请您到店铺，让我们有机会给您提供最热情周到的服务。

（如否）没关系，那稍后我将联系方式和服务内容一同发送给您。您有任何问题和需求请直接与我联系，我叫 ×××，随时为您服务，再见！

6. 营销活动邀约话术

促销员：喂，您好，是王哥吗？我是咱们 ××× 品牌的 VIP 专员刘菲！因为您是我们家的 VIP 客户，所以给您打这个电话，您之前在我们家买过鞋子还记得吗？我们现在针对新老 VIP 送出一份精美礼品！不知道哥你有没有时间？

客户：有。

促销员：那哥您是明天过来还是今天过来？我帮您预定一份，到时候只要凭手机号码就可以免费领取！

❤“我这两天很忙，没时间过去”。

答：那行，我们的活动是截止到本月底，我把这个福利给您留着，您看是下周六有时间还是周末有时间过来呢？

❤ 当下很忙。

答：那我五分钟之后再给您回电话！

❤ 有什么礼品？去年的礼品我不满意，不想去了。

答：王哥，礼品很多说不完，礼品不重要，这次最主要的是积分返现，我们不要跟钱过不去。

❤ 我不要礼品（礼品不喜欢）。

答：王哥，礼品只是我们的心意，这次最主要的是积分返现的钱很重要，礼品你可以送朋友送孩子呀，一年就一次的积分清零活动，积分如果被无效清零那很可惜啊！

❤ 好的，好的，我有时间再过来。

答：那您看大概什么时候有时间，三天以后我是以短信方式提醒您，还是电话方式提醒您？

❤ 电话不接怎么办？

发短信：王哥，你可能在忙，我这里是 ××× 店 ×××，我也不想打扰到你，公司从明天开始积分兑换现金活动，您看您下午方便接电话吗？我跟您说一下活动内容和所兑换的礼品和现金，或是您月底之前到店兑换您的现金和礼品。

♥ 在外地怎么办？

答：王哥，这样子的话我再帮您特殊申请一下，看看可不可以做延期，您什么时候回来？我是短信通知您还是电话通知您？

♥ 不是本人接电话怎么回应。

答：那好的，请您转达一下，我们这里是 ××× 男装店，现在有积分兑换现金和礼品活动，让王哥留意一下他的短信，我会把活动内容发到他的短信上！

♥ 礼品帮忙留着，我让家人去拿一下。

答：王哥，我特别能理解您的心情，如果公司可以代领我都想帮您代领，但是公司要求一定要本人亲自到店凭本人身份证签字确认才能领取现金和礼品！以免后期代领出现误会。

非销赞美话术

非销话术，一般指与销售无关的话术，可以起到拉近与客户之间距离的作用，方便客户接受自己。非销话题表面跟销售没有直接的关系，但它和销售是密不可分的。作为一种销售的工具和手段，非销话题有助于获得客户好感，下面我们就来介绍一些非销话术。

□ 头发

1. 美女，你的发型好漂亮哦，是不是叫波波头啊，我在杂志上看到的和你的发型一样，真的很适合你。过年了，我也去弄一个。

2. 先生，你的发型在哪儿剪的啊？ ××× 明星的发型和这个很像，好有范呀！

3. 阿姨，您头发的颜色真好看，叫什么颜色？在哪里染的？我妈妈也想染发，但是不知道什么色好看，我觉得您这个颜色很时尚，我可以推荐给她！

4. 先生，你家闺女的卷发真甜美，很适合我们家浪漫花季的衣服，她一定得试试。

5. 姐姐，你的长发真的太令人羡慕了，这么乌黑有光泽，把你的气质映衬得更加温婉了。

□ 妆容

1. 美女，你的烟熏妆化得真精致，现在不是很流行甜美朋克风吗？你可以试试我们家乡村摇滚乐的衣服，既可以凸显你精致的妆容，又可以彰显你鲜明的个性！

2. 先生，其实从你的皮肤就能感觉你是一个很会护理的人，毛孔细致没有黑头，光滑且有光泽。很少男生皮肤有这么好的！

3. 姐姐，您女儿的大眼睛一眨一眨的，就像洋娃娃一样，看看我们家的甜美可爱的裙子，就像专门给她定做的似的。

4. 阿姨，你看起来好年轻呀，女儿都这么大了，真看不出来，脸上一点皱纹都没有。

□ 配饰

1. 亲爱的，你这个漆皮的小包既有品位又精致，搭配我们家这条桑蚕丝的裙子，女人味十足，价值感很强，去参加宴会绝对会成为全场的焦点。

2. 帅哥，你戴的这款墨镜太大牌了，正好你可以试试我们家这款酷感十足的连身裤，你绝对可以穿出明星的气质！

3. 美女，看你穿的鞋就知道你喜欢有设计概念的服装，我们家这款项链和你的鞋一样有品位。

4. 姐姐，我一看到您就知道您肯定会喜欢这条波西米亚风格的裙子，哈哈，因为您身上的这些民族风格的配饰出卖了您哦。

5. 阿姨，您的项链是施华洛世奇的吧，我在楼下看见过，在灯光的折射下更能展现出您的品位来，我们家的高级系列中的高贵奢华的风格很适合您。

6. 帅哥，里面这件是你自己配的吗？开始我还以为是一件呢，你一定是学艺术的吧，对时尚的把握真是不一般呢。

7. 先生，您背的双肩铆钉包，好酷哦，一看就知道，你喜欢与众不同有特点的商品啦！

8. 美女，你的水晶鞋一下就让我想起了小时候常常听大人们讲的“灰姑娘”的故事，好像一下子就找回了童真，可以看看我们家女人系列的裙装，让我们走到童话的世界里。

□ 风格

1. 美女，今天穿得这么女人啊，你每次来都会给人不一样的感觉哦，真羡慕你可以尝试这么多不一样的风格，你真的是百变女郎。

2. 帅哥，经常穿得这么休闲吗？看看我们家模特穿的这套衣服，你上班的时候可以穿，换种风格会换种心情的，你一定得试试！

□ 服装

1. 美女，你穿的是我们家的衣服吧，眼光真好，它可是我们家的排名款，这款上衣搭配这款瘦腿裤，你的腿会更加修长，你一定得试试。

2. 叔叔，您穿的这件是前年买的吧，现在看来还是这么适合你，不会是我卖给您的吧。

3. 先生，您身上穿的是我们家品牌的衣服吧，经常穿我们家的衣服哦。对啦，我们最近来了好多新款，我带您看看吧。

4. 先生，您的衣服是我们家的经典款，我们家的海报展示的就是您买的这款，您真有眼光。

5. 阿姨，您真会穿衣打扮，这几件衣服您把它们搭配在一起，演绎出了异域的民族风情。

□ **身材**

1. 亲爱的，肯定有很多人夸奖你的身材吧，什么类型的衣服都能穿，是标准的魔鬼身材，都可以给我们家当模特儿了，真的太令人羡慕了。

2. 宝贝，你这么小的年纪就已经长这么高啦，将来准备当模特还是运动员呢？我想你这么喜欢时尚一定会选择模特吧。

3. 亲爱的，像你这么娇小可爱的女孩最适合具有甜美气息的碎花图案了，相信你的男朋友一定时刻都把你捧在手心上吧。

4. 帅哥，像你这种令人羡慕的大长腿最适合我们家的甩裤啦，将那种潇洒有个性的感觉完全演绎出来了。

5. 先生，您平日一定经常健身吧，身上一点赘肉都没有，还很结实呢。

6. 先生，您的身高真让我羡慕，肯定有一米八了吧，看来您的爸爸妈妈也一定不矮。

□ **性格**

1. 帅哥，看你的性格这么活泼可爱，太会聊天了，我都忍不住要和你做朋友呢。

2. 先生，看您的谈吐真儒雅，试试我们家经典系列的衣服，很适合您成熟优雅的风格。

3. 我猜你一定是跳舞的，跳舞女孩身上那种优雅自信的气质是再平凡的衣服也遮掩不住的，被我猜中了吧。

4. 姐姐，一听您说话就知道您的个性豪爽直率，您的朋友一定喜欢凡事听听您的意见吧，像您这样的朋友用良师益友来形容再贴切不过了。

5. 宝贝，你这种温柔的性格真是招人喜欢呢，相信追你的男孩都要排成排了吧。

□ **肤色**

1. 亲爱的，你的皮肤白里透红，没有斑的皮肤，太令人羡慕了，像你这么不挑颜色的好皮肤是不是有时也让你很难做出选择呢？

2. 帅哥，真羡慕你这种健康的肤色，是不是和古天乐一样是晒出来的呀，我很喜欢你的健康肤色，今年很流行哦，等有空了我也晒晒，我觉得你的肤色很适合我们家休闲风格的衣服，我给你找几件试试吧。

3. 美女，你这白里透红的好皮肤肯定让你省了不少化妆品吧，今天就拿省下的钱多挑几件吧。

□ 天气

1. 阿姨，今天外面的天气一定很热，看您都随身准备了一把小扇子！心好细哦！商场里有空调，可以在我们这儿多逛会儿。

2. 先生，今天室内外温差大，出门的时候您记住把外套穿上，小心出门别着凉了。

□ 工作职业

1. 先生，您穿的这身职业装，一定是在办公室里工作吧，我给您介绍几款我们家专门给办公室的职员制作设计的衣服，一定适合您！

2. 帅哥，听你的口音是 ××× 人吧，咱俩还是老乡呢，咱们真的很有缘哦，你做哪行呢？我给你选的这两件衣服很适合你的风格，你一定得试试！

3. 姐，我猜您是在政府部门工作吧，哈哈，因为像您这种富有内涵的气质加上您对着装的严格要求我就猜出来了。不过好在您的公休日比较多，所以在休息的日子里换换风格，会给你带来不一样的心情呢。

4. 美女，要选择面试装是吧，那你来我家就对了，一看你这么时尚肯定不会喜欢一成不变的正装，让我来帮你把时尚带进办公室吧！

5. 姐，你知道我最羡慕当老师的哪一点呢？就是每年都有好几个月的带薪暑假。

VIP 服务六大禁忌

在销售的过程中，对待 VIP 客户，我们需要注意一些禁忌，因为如果不注意这些细节，很容易就会在不经意间惹恼客户，这样一来就会直接导致成交的失败。总的来说，我们在服务 VIP 客户时，要注意避免以下六大禁忌。

（1）不要搞错客户生日的公、农历，客户留的明明是公历生日，你偏偏要在农历去发信息祝贺，这样感觉很不好。

（2）不要信息群发，尤其那种一看就是群发的信息，客户的感受会很不好。

（3）不要联系得太频繁，不要没事就给客户打电话，尤其是你们的关系还没有非常亲密的时候。

（4）不要跟风，比如说你早上收到一条信息，叫你注意添加衣物，然后你转手就发给了客户，其实你的客户已经收到了几十条相同的信息。所以不要去跟风，别人发的我们就不发，别人不发的，我们才发。

（5）不要在不合适的时间联系对方。中午 11 点半到 2 点半之间、晚上 10 点钟之后，有些三四线城市，9 点钟之后就不要联系了。早上 8 点钟之前也不要联系，大家都需要好好休息。

（6）不要叫错客户、认错人，把名字搞错，你发再多的嘘寒问暖也没有用。

【落地指导】

（1）根据品牌定位讨论出 20 种糖果、点心和饮料。

（2）准备让客户感动的礼品。

（3）制定标准的送客流程。

（4）用什么样的方法让你的客户变成你的死党。

（5）制定本品牌的 VIP 客户的跟进环节。

（6）制订 VIP 的全年服务计划。

第六章

“心”——让 VIP 死心塌地的三大心法

交易的结束并不意味着客户关系的结束，在售后环节还要与客户保持联系。售后服务的优劣会直接影响客户的满意程度，打造优质的售后服务是店铺品牌建设工作的关键一环。鞋服店经营者需要掌握哪些营销知识和技巧，才能做好售后服务，有效留住新、老客户，提高店铺的销售量呢？

售后必做的八重服务

我想大家都听过一句话：服务的开始才是销售的开始。只有不懈地做好售后服务，才能拥有长远的生意。本节我们将讲解售后必做的八重服务——“13715 法则”。

1. 第 1 天：满意度调查

满意度调查有利于提高服务的质量，及时改进服务中的不足。方式可以通过填写调查表、打电话或发短信的形式进行。

话术举例：

× 先生 / 女士，您好，我是今天为您服务的 ×××。为您服务是我的荣幸，为了提供更好的服务，请您对我今天的服务进行满意度打分，1 ~ 10 分，回复数字即可。如果您有建议和需求请及时联系我，祝您生活愉快。

2. 第 2 ～ 3 天：洗涤保养说明

对于一些高档次的鞋服，保养是非常重要的，但有些客户难免会忽略。在成交后的两三天内，我们应该电话或短信联系客户，告诉他们洗涤和保养的注意事项，这样能获得客户的好感，建立更加紧密的关系。

话术举例：

× 先生 / 女士，您好，感谢您选择 ××× 品牌。我是昨天接待您的

×××，您所买的衣物为纯棉面料，请务必手洗不可机洗。纯棉衣物易染色，请注意不同颜色分开洗涤，如有问题及时联系我。春季气温不定，注意增减衣服，祝您生活愉快，您的专属顾问×××。

3. 第 7 ～ 9 天：非销关心

为了与 VIP 客户保持良好的关系，在销售后的一周左右，我们可以进行一些非销话术，让客户时时体会到我们的关心。

话术举例：

亲爱的×先生/女士，在上次服务中得知您的颈椎有碍，我特意咨询过中医。医生提示，颈椎有问题一定要注意保暖。明日气温将降至 12 ~ 19℃，请您注意添加衣服。建议穿搭毛衫卫衣外搭薄棉外套，高领为宜，有助于保护您的颈椎。最后祝您生活愉快，您的专属顾问×××。

4. 第 15 天左右：跟进问候

继续跟进问候，了解客户的情况，让客户感受无微不至的关心。可以是对上次非销问题的跟进，也可以是关于商品的一些使用心得。

话术举例：

亲爱的×先生/女士，多日不见，您的颈椎问题是否改善，如有需要，我可代为咨询。最后祝您生活愉快，您的专属顾问×××。

5. 以后每周：继续与客户保持联系

保持每周的沟通频率，不必拘泥于同一话题，可以适当发送一些关于营养类、养生类、教育类等相关话题内容，同时在不断沟通中找到对方兴趣点。比如客户是企业家，就发一些正能量的励志信息；客户是一个爱美的人，就给他发一些搭配的信息，美容的信息；客户在减肥，就给他发一些减肥的信息。

6. 换季季节

换季是消费行为高发期，我们要把握这一黄金时段，积极邀请客户访店。

话术举例：

× 先生 / 女士，您好，您是本店的忠实客户，当下正值换季，我们将为您提供衣物免费消毒保养服务以保证您的身体健康，您可携带衣物前往本店，祝您生活愉快，您的专属顾问 ×××。

7. 会员日：淡季维护

我们知道 7、8 月是一年中气温最高，购物欲望最低的时段，也是各个行业的淡季。这时我们要积极利用这一时段维护客户，给客户打电话，邀约他到店里来。客户到店之后不一定要卖他东西，可以送他点小礼物，邀请他喝喝茶，聊聊天，给他原来的衣服做做调整、护理等，用这个空闲时间好好维护我们的会员。

8. 节假日前：提前 10 ～ 15 天做营销

在当前的市场环境下，客户已被大大分流，我们一定要抢先一步，在节日前 10 ～ 15 天就开始做活动，通过控制每天的邀约人数，保证将每一位客户都服务到位。

【落地指导】

VIP 管理之维护流程表。

打动 VIP 投诉的服务流程

在日常经营中，我们一定会遇到客户不满意甚至投诉的情况，这是非常正常的。那么，在面对客户的投诉时，我们能否巧妙解决，甚至将投诉化为仰慕，这是一门高深的学问。我们将在本节中讲解处理客户投诉的几个绝招，助大家化危机为转机。

1. 平复心情

首先，在解决问题之前，我们要处理好自己的心态，要积极地去面对。客户投诉不是好事，但我们要把它处理成好事。那么，我们如何把坏事变成好事？

我先来讲几个故事。

有一位客户去年买了一件我们的衣服，今年他想来退，但是没有质量问题，那我们给不给他退？大部分人肯定不愿意退，那么我们来想一下，如果这个客户在我们店里一哭二闹非退不可，我们给不给他退？我想大家这个时候是非常愿意退的，因为我们希望马上解决这个危机。既然吵完还是要退，为什么不在吵之前就痛痛快快地退给他？等吵完再退，这个客户可能这辈子都不会再来，甚至还会影响到店里的其他人。如果吵之前就痛痛快快地退给客户，那么结果是什么？结果就是客户对你的印象很好，下次可能还会来买。

真正的营销高手会把握每一次的客户投诉，将他们看作是一次机会，可以让自己发现新的问题。销售行业里有一种说法，叫作三流的营销发现矛盾，二流的营销解决问题，一流的营销制造矛盾。

曾经广为人知的海尔总裁砸冰箱事件是一个成功的营销案例，通过这一方式，海尔一跃成为中国家电业的一流品牌，这就是所谓二流的营销高手解决问题。

还有一个互联网品牌我想大家都知道，那就是当下比较火的三只松鼠，此前他们都是在网上销售，那么大家是怎么知道他们有门店的呢？几年前在苏州，他们投资数百万元开了一家线下门店，结果总裁在视察的时候发现装修不合格，于是就彻底推倒重来。经过媒体的报道，全国都知道了三只松鼠开了线下门店。

那么，什么叫作一流的营销高手制造矛盾？比如，我们想认识一个陌生人，直接上前索要联系方式，十有八九是被拒绝的。如果换个方式，比方说对方戴着一块运动手表，我们上前询问手表是什么型号，平时也很喜欢跑步等，利用对方的兴趣，让他留个联系方式，交流一下，成功的概率就高了很多。

所以，当我们遇到客户来投诉时该怎样平复客户的心情？其实最好的办法只有一个，那就是不管他怎么吵，不管他说什么，你只需要不停重复一句话——好的，好的，一定让您满意。

"你们家货有问题，我要退货。""好的，好的，一定让您满意。""你们家服务态度不好，员工不行，开除。""好的，好的，一定让您满意。""老板娘不行，换掉。""好的，好的，一定让您满意。""设计师不行，换掉。""好的，好的，一定让您满意。"

就是不管客户说什么，你都要说："好的，好的，一定让您满意。"但是我说"好的，好的"，却没有说要把货退掉，也没有说要把员工开除，我只是说会让你满意。因为这只是平复客户心情的一个办法，只有客户的心情得到平复，我们才能有效地进行沟通。

2. 评估损失及后果

当我们平复了客户的心情之后，我们就要开始评估损失及后果。拿前文中的例子来说，客户的衣服是去年买的，今年想退。那么，我们退给他后这件衣服还能不能再卖？必然是不可以。如果他去年购买时的价格是 500 元，而衣服的进价是 200 元，那么我们的净损失就是 200 元。我们再来看一下客户这边，经过查询，发现客户一连三年都在本店有购买记录，每年均在 2000 元左右。如果按照净盈利是交易金额的 50% 来算，那么我们已从他身上盈利超过 1000 元，如果因为处理不当导致客户再也不来，我们的损失要远远大于 200 元。

我们再来看看后果，第一个后果，客户以后再也不来了。我们就会失去每年稳定的至少 300 元纯利润。第二个后果，客户大吵大闹，影响今天店铺的销售情况。第三个后果，客户会将事情告知亲朋好友，我们将会损失至少五位潜在客户。最坏的结果是什么，那就是前三种后果叠加，我们既要给客户退款，店铺销售又受到影响，不光客户不会再来，与客户相关的潜在客户也不会再来。

3. 汇报及处理

接下来，我们要进行汇报及处理，要跟上级领导进行汇报。汇报的时候也需要技巧，首先必须把真实情况说清楚，还要把评估的损失及后果说清楚。这样才能保证上下沟通无误，领导也能做出一个正确的判断。

在与领导沟通得到肯定的答复之后，我们就可以开始着手处理问题，那具体该怎样处理呢？我们就以前文为例进行说明。

× 先生 / 女士，很抱歉给您带来不便。我刚才向领导请示过了，我们总经理说，这件衣服是您在去年购买的，穿着的时间比较长，而且并没有质量问题，原则上是不允许退货的。但是鉴于您是我们的忠实客户，我们决定为您破例一次，不仅要退款，还要给您补偿。

这时客户肯定已经蒙了，居然不光给退，而且还要给补偿，客户此刻肯定是惊讶的，这时我们再给出补偿方案。

我们总经理说，像您这样忠实的客户肯定不会提无理的要求，所以一定是我们的商品有问题。您这件衣服去年是花 500 元购入的，我们总经理决定让您再挑一件衣服，只要不超过 1000 元，都由他来买单，您可以随便挑。

客户听到这个话，心里肯定是非常惊喜的，早先的不快也已经去了大半，现在只想快挑一件更贵更漂亮的衣服。

当客户挑了一件标价 800 元的衣服，这时就可以告诉他，您看您去年买的衣服是 500 元，我们这件新款是 800 元，差价是 300 元，按照我们刚才的承诺，这 300 元就作为本次的补偿。感谢您对我们的支持，您看这样您还满意吗？

客户必然会十分满意，这时你再表达一下欢迎他继续前来选购，再用上我们之前的技巧，等客户出门再追出去送上矿泉水、袜子等礼品，那么这个客户的心一定会被我们牢牢抓住。

看到这里，有人肯定会质疑，这样处理成本岂不是太高了？那我们就来算一算这笔账，如果你拒不退款，这个客户大吵大闹所带来的影响会有多大？如果你同意退款 500 元，那么他拿着这 500 元真金白银一出门就去了别人家购物。如果我们按照五折进货，一件 800 元的衣服实际成本才 400 元，我们用实际价值 400 元的衣服就解决了这个 500 元的问题，不仅如此，还收获一位忠诚度极高的客户，难道不值得吗？

把矛盾变为转机，这才是真正的营销高手会做的事情。

【落地指导】

（1）写出平时遇到与客户纠纷时的几条处理预案。

（2）你是如何评估退货损失的？

（3）写出你的汇报技巧以及处理意见。

锁住 VIP 客户的六把钢锁

本节我们将带来留住客户的六个方法，在前文中我们已经通过各种技巧把客户的心“偷”了过来，但是仅仅如此是不够的，我们还要用更坚固的关系来维持我们与客户之间的交往。

1.RFM 营销

这六把钢锁当中的第一把，叫作 RFM 营销，就是给客户分类的一种方法。在 RFM 中，R 代表客户最近来店的时间，F 代表客户消费的频率，M 则代表客户的消费能力。

客户最近来店的时间离现在越近，代表了你跟客户之间越亲近，这是第一个客户来店的时间。第二个是客户消费的频率，什么叫消费的频率。就是一年消费 3 次还是一年消费 5 次，频率越高代表着客户对我们的满意度越高，认可度越高，黏性越强。第三个是客户的消费能力，客户过来之后，他有没有购买，是买了一双袜子，还是买了一套皮草，代表了他的消费能力。这个值越高，代表了这个客户的消费能力越强。

通过 RFM 营销，我们可以真正判断客户的特征，准确地判断客户的潜在价值。

2.VIP 分级方案

第二把钢锁叫作 VIP 分级方案。如果我们想锁定我们的客户，就可以对客户进行分级，让客户永远有上升的空间。而客户为了保持享受高等级的待遇，则会更频繁地选择我们。

有人会说这是好办法，但是现在的消费者不太喜欢实体的卡片。其实并不是消费者对卡片没兴趣，而是你的卡片没有吸引力。如果你的 VIP 金卡就是 24K 镀金的，会有人不要？客户拿出来多有面子，顺便就把我们的店铺介绍给其他人了。

那我们说服客户办卡的时候要怎么说呢？我来举个例子。

假如我们的会员卡分五个档次，普卡、银卡、金卡、铂金卡、钻石卡，你先不要说有铂金卡、钻石卡。你要说我们有普卡、银卡和金卡，但是像您这样的身份，我直接给您办张金卡。如果你说办普卡，客户一定没兴趣，因为听起来就很没有吸引力，而实际上我们根本就没有普卡和银卡。普卡和银卡只是为了显示金卡的稀有，这样才能勾起客户的虚荣心，而且一张镀金的卡片制作成本也不高。

等拿到金卡之后，卡片很漂亮客户也很喜欢，这时再告诉他消费满多少，就可以升级铂金卡、钻石卡，铂金卡、钻石卡的积分加倍，待遇更高，卡片更珍贵。这样一来，不论是为了卡片能够得到升级的客户还是被待遇吸引的客户，都会保持高频率的消费，我们就通过这个办法牢牢锁定了一部分客户。

3. 积分礼品

积分礼品就是不同级别的会员可以用积分兑换不同的礼品。在礼品的设置方面，必须要有诱惑性，这样才能调起客户的兴趣。为什么客户对你的会员不感兴趣？就是因为你家的会员兑换不了一些好一点的东西，试想，如果客户好不容易有了些积分，结果只能兑换几块钱、几十块钱的东西，自然不会有兴趣了。

那么，什么样的礼品才有吸引力呢？第一种是贵的，第二种是重的，第三种是大的，第四种是标新立异的，第五种是日常用品，第六种是应季商品，第七种是应急商品。我们有些商家很喜欢送烧水壶，舍不得买好的，结果客户拿回去一用就呼呼冒烟，差点把客户吓死，客户肯定不会相信你，甚至会骂你，这就适得其反了。

所以，送客户的东西第一点就是要贵，什么叫贵，贵就是价值要高；重的东西我们可以送客户按摩椅；大的就是体积要大，比如给客户送被子，被子的体积很大，一个大盒子看上去很有面子；那么标新立异的礼品是什么？标新立异就是客户很想要但觉得不常用不划算自己不会去买的。比如帐篷，十年也用不了几次，但如果有的话就很方便，可以放心出去露营野炊；日常用品就是柴米油盐酱醋茶，这些每天都要使用，但是我们在送的时候要注意，尽量去送那些高附加值的物品，什么叫高附加值，就是我花的成本很低，但给客户节省了很多钱，就是出厂价和市场价之间要的差距大，比如洗衣液；如果是夏天，那么应季商品我们就可以送榨汁机，夏天水果丰富，可以榨果汁喝；应急商品就是平常很少用，但一定要准备的东西，比如说口罩，今年就派上大用场了。

我们做 VIP 服务，客户的终身价值是巨大的。只有让他感到你送的东西好，他才愿意过来。如果东西不好他就没有兴趣。

下面我们分享一个真实的案例。

积分礼品最核心的是礼品要有吸引力，如果礼品没有吸引力，要再多积分也没有用，只要礼品有足够的吸引力，大家就会拼命地攒积分。

我在国内有 13 万学员，很多人听过我的课程，后来他们发现送日化商品是鞋服店礼品中效果最好的一种，我们很多学员都选择满采日化的洗衣液、全能去污剂等。因为它的商品从工厂批发只要 9.8 元一瓶，但是消费者在网上或者超市里面买要 98 元钱。到超市要花钱，在店里可以兑换，自然愿意多积攒积分了。

另外，我有一个学生为了省几块钱，选择了假蓝月亮，结果被一个客户发现了，到处传播。他三十几家店，客户在群里面一闹，导致三十几家店的客户全都在群里闹，然后蓝月亮品牌还要告他，工商局也来找他。所以课上我常提醒大家：千万不要帮别人赚钱卖假货，把自己的品牌搞死。我们是做生意的，不是江湖骗子，我们要么不送，要送就送好的东西，花点心思去找一点品质好的，然后附价值比较高。

4. 返利回购

如果你暂时还没有找到很好的礼物，我们也可以通过返利回购来吸引客户。返利回购就是客户到我们店里来购物可以通过积分享受打折或者赠送。返利回购存在几个技巧，第一个就是如果我们一年只兑换一次的话会有一个风险。比如一个客户在我们家一年消费一万块，有一万积分，那你设置的兑换比例是 10%，一次 1000 元，结果他挑了一件 999 元的衣服，走了一分钱也没给。是不是没有增加你的销售额，所以兑换一次不太好。

真正的高手兑换几次呢，兑换四次。一年春夏秋冬，我们可以每个季度在换季的时候让他兑换一次。这样有什么好处呢？比如，在我们这里消费一万元，我们要给他兑换 1000 元，如果是四次，那么每次才 250 元。如果他买一个 1000 元的衣服，减掉 250 元还要再付你 750 元。这样我们也不吃亏，还拉动了销售，客户得到了实惠。

第二个就是兑换的比例不能太低，如果你设置了 0.5% 或者 1%，那么就诱惑不到客户。所以出手一定要大方，最少 10%。而且 10% 的吊牌价兑换其实并不是很高，通过这样的方式我们就能锁定客户，让客户在我们这里拼命地消费。

5. 临近返利

临近返利大家不一定听过，我举个例子简单解释一下，比如我们按照 10% 的比例给客户兑换，有一个客户在我们家买了 200 元，10% 才 20 元钱。但是马上要到国庆节了，他可能不会因为这 20 块钱来店里消费，那我在国庆节之前就通知他。

尊敬的客户，您好，正值国庆佳节之际，本公司的 VIP 客户有一项专属活动，在 9 月 20 日到 10 月 7 日之间，您的积分可以按照 3 倍使用。他本来的积分只能兑换 20 元钱，但是如果他在 9 月 20 日到 10 月 7 日之间前来消费，那我就让他的积分按照 3 倍使用，20 元钱就变成 60 元钱。那么这个时候 60 元钱就很可能吸引到客户。

这样一来，虽然我降低了客单价，降低了我的利润。但是正值国庆节，如果你不这样子让他到你店里，他就有可能到竞争对手那里。他在你这里多买一件，在竞争对手那里就少买一件，而我们通过这样的方式就锁定了我们的客户。

6. 储值回馈

留住客户的人，不如留住客户的心。留住客户的心，不如留住客户的钱。我们要想留住我们的客户，留住他的钱是最靠谱的。

那么怎么样留住客户的钱呢？给大家分享四个小妙招。只要把这四个妙招学会用好，业绩至少可以提升 30% ～ 50%。

第一招：抛诱饵

所谓抛诱饵，就是客户过来之后什么都没买，我们就可以告诉他，只要预存 19.9 元就可以赠送他价值 198 元的面膜。这就是抛诱饵。这些没有被成交的客户，如果说他有 19.9 元在你这里，他会认为自己如果不回来把这个钱消费掉，就吃了大亏，所以他就会再来。通过这样的方法，我们就锁定了所有未成交的客户。

第二招：留尾巴

什么是留尾巴呢？就是好处不要一次性给足客户，而是放长线钓大鱼。我举个例子。

2018 年，我服务了江苏南通一个学员，他有 6 个卖场，三个月时间店铺额外多做了 4000 万元的业绩。他有 38 万名老会员，经过数据分析，一年内有销售的只有 9 万名，也就是说还有 29 万名会员已近休眠。

我的要求是：不管客户成交多少钱，都要想办法让客户加 100 元，送 12 瓶洗衣液。比如客户成交了 500 元，要告诉客户，这次我们店里有个活动，您只要预存 600 元就可以赠送你价值 480 元的禾鹭雪洗衣液 12 瓶，您可以先充值 600 元，然后立马拿充值卡消费 500 元，还可以得 12 瓶洗衣液。

这个时候客户就会非常心动，当然，12 瓶洗衣液不能直接一次带回去。因为太重了，而且用不完；所以要引导客户把洗衣液留在店里，这样，每次用完了就到店里来取，也可以逛街的时候顺便来取，每次拿的洗衣液保证都是新鲜的，这样就增加了客户来店的次数，一年多来 12 次，总能买个两三次，每次买几百元。

本来 29 万名会员已经不来了，通过免费送一瓶洗衣液邀约回来领，3 个月就激活了 2 万多名会员，后来他核算了一下，通过送洗衣液及领洗衣液购买的，额外多做了 4000 多万元的业绩，当然也送出去 20 几万瓶洗衣液，成本 9.8 元 / 瓶，这一项送掉了 200 多万元。4000 万元的销售，就算 30% 的利润，这 30% 是毛利，没有增加房租，没有增加水电，这 1200 万元毛利几乎就是净利，再减掉 200 多万元的洗衣液的费用，还赚 900 多万元。这里有个关键要提醒一下，为什么消费者会持续回头，就是送的洗衣液质量好，而不是随随便便送的假洗衣液，因为消费者感觉好用，才会继续过来领。

有一个成语叫作“无商不尖”，长久以来被大家误读成“无商不奸”，其实古时候的商人，他们在卖粮的时候都会把粮食放得尖尖的，尖就是多给的意思，这样才会有回头客。“无商不尖”我们不能把它理解为奸商的奸，说通俗点就是送点好的东西给 VIP 客户，只要 VIP 客户真正觉得占便宜了，他就上瘾了，就会持续选择我们。

第三招：翻倍送

翻倍送是什么意思呢，等客户的余额用光了，我们就要引导他继续充值，这时客户已经对你产生信任了，我们就可以告诉客户，现在有个活动，免费送 600 元给你，他肯定会很好奇，问你怎么送，你就说现在我们充值有翻倍活动，充 1000 元送 100 元，充 2000 元送 300 元，充 3000 元，就白送 600 元。客户一听也会觉得非常划算，理所当然地就充值了。

第四招：大额储

当你跟客户之间有了强烈的信任关系，他也充值习惯了，这时我们就要鼓励客户进行大额充值。比如，告诉客户充 3 万元就送一套价值上万元的皇后锅、双立人刀具和全年的洗衣液。在鼓励客户充值的时候，我们一定要高开低走，留下还价的空间，比如你劝客户充 3 万元，最后讨价还价一番客户充了 1 万元，那你要是劝客户充 1 万元，最后很可能会只充 3000 元。

总之，我们先通过抛诱饵锁定未成交的客户，再通过留尾巴锁定已经开始成交的客户，接着通过翻倍送又锁定了客户一年。这时我们跟客户的关系已经越来越好了，之后我们通过大额储就可以锁定客户终身。

【落地指导】

（1）按照 RFM 对客户进行分类。

（2）制订 VIP 的分级方案。

（3）讨论出本品牌的 20 种积分礼品。

（4）制订返利回购方案。

第七章

“制”——四大机制全方位护法 VIP 盈利系统

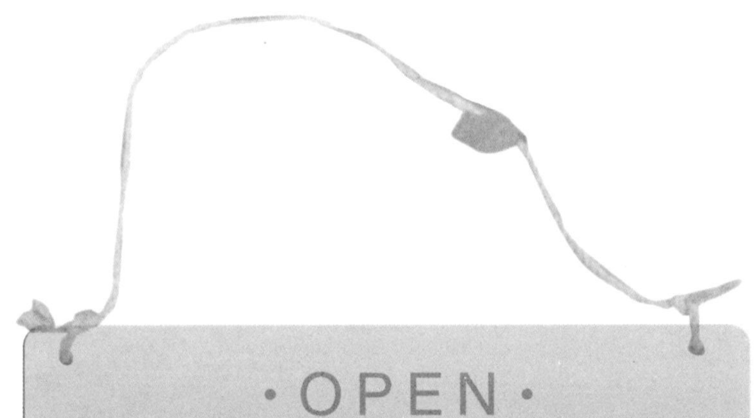

优秀的营销团队建设，离不开相对完善的管理制度。没有完善的规章制度，任何一家店铺和企业都注定是一盘散沙。鞋服店应针对营销人员的现状和实际，结合相关的规章制度，制定一系列切实有效的管理法规。本章从精进机制、培训机制、激励机制和稽查机制四个方面进行论述，让我们利用“制”的力量来为店铺保驾护航。

建立精进机制

激烈的商业竞争形势下，客户的要求日新月异，不断变化，因此鞋服店的管理也需要不断地跟上潮流，保持精进，不然客户就会被别的服务体验更好、创意更新鲜的门店抢走。

打个简单的比方。2015 年前，我们有一项服务叫杯水服务。时至今日我们还在做杯水服务。2015 年之前，大家都舍不得在店里装饮水机的时候，你有杯水服务代表着领先。2015 年过去了，每一家店都开始有杯水服务的时候，你还在做杯水服务，说明你缺少了精进机制。

要想真正地把项目做好，把 VIP 服务好，你就要明白，今天的方案仅仅适用于今天，不代表适用于 5 年后，甚至 10 年后，所以我们要不断地去总结、去创新。随着时代的发展，我们服务的方式也要发生变化。

肯定有人会问，多长时间精进一次呢？有人说 3 个月，有人说半年，有人说 1 年，有人说 3 年。到底多长时间要精进一次呢？

1. 每日精进

我们应该每日精进，就是明天要比今天做得好一点，后天要比明天做得好，哪怕一天比一天只做了好那么一点点，只好 0.1，0.01，1 年 365 天下来，你也已经好了很多倍。每天好 0.01，365 天你就好了 3.6 倍。那你的服务水平就会越来越高，销售业绩就会越来越好。

建立这个机制的时候，要做到每周有总结，每月有调整，每个季度有要求。这样就可以形成一个齿轮系统，一环套一环，就能坚持下去。我们来看一个每日精进的模板。

我们有 10 个门店，每个店有 3 名员工，一共就是 30 名员工。我们能不能保证这 30 名员工在一个月之内，每个人分享一个服务案例。比如服务的类别，是大额还是小额，是基本服务还是感动服务，当天新增多少位 VIP 客户，回购多少位，激活多少位，自己又是如何服务客户的，获得了怎样的效果。

讲述之后，再做一个服务总结，给自己打个分。这样一来，一名员工的经验或者不足，其他人都可以学习。其他人可再提交一个点评，简述自己学到了什么，应该怎样做。这样一来所有的员工就会有一个良性循环的学习途径，可以做到每日精进。

2. 每周精进

每周要进行总结，哪些是做得比较好的，客户特别满意，还产生了效益，哪些做得不太好要进行调整，哪些普普通通还有上升的空间。每周要把每一天的精进内容再次巩固学习。通过不停地总结，不停地推陈出新，就知道哪些是需要继续坚持的，哪些是需要停止的。

3. 每月精进

每个月要做一次调整。我们的哪些服务是有效的，哪些是无用的，要进行一个调整。哪一款商品是客户比较喜欢的，就像我们之前讲的，我们准备了 20 种糖果，20 种饮料，20 种点心，其中哪些是客户喜欢的，我们可以再去批发一些回来，不喜欢的，那我们就将它下架。甚至喜欢的这些类型中有没有新品上市，我们也可以拿来尝试。总之就是做得好的要将它再放大，做得不好的要立刻进行调整。

【落地指导】

（1）每日对员工进行考核，让员工自己给自己打分。

（2）每周进行一次总结会。

（3）每月进行一次调整。

组织培训机制

如何确保员工时刻保持良好的工作状态？如何确保员工的热情和状态能够持续？这个时候就需要有培训机制。我们可以每天晨会做一次培训，每周做一次培训的总结会，每个月做一次专项训练和检查，每个季度可以到矛盾商学院学习一次。

第一个培训，每日晨会的最后一个环节，可以把我们的各个技巧、法则背诵一遍。每天背，天天背，越背脑子就越清楚，越背就越重视客户。这样在跟客户发火的时候，就会想到服务的开始才是销售的开始。第一个培训，不用老师来做，自己培训就可以了。

第二个培训，每周要做一次总结。在做总结的时候，其实就是一次培训的总结会。这个总结培训不一定是老师培训，可以让员工轮流培训。我们在培训别人的时候有一个好处，就是在教别人之前必须自己搞明白。

还有每个月要做一个专项训练和检查。比如，我们在经营中发现有一项服务做起来非常好。于是就要求所有的员工都来做这项服务，但并不是所有员工都会去做。所以每个月的时候，要把要求员工统一做的服务进行专项训练和检查。

其实，这跟我们每个月做专项训练是一个道理。你想让员工把某个服务做好，比如，我们要求员工这个月重点学习咖啡拉花。他在店里，肯定是忙着看手机，玩游戏，或者是招待客户，就不会专注地学习咖啡拉花。如果我们有一个专项训练，这个月训练结束后要进行检查，要进行比赛。那么员工一有空就会主动地去学习咖啡拉花，回到家也会坚持练习，一个月之后他的咖啡拉花就拉得很漂亮。你想让员工重点掌握什么内容，就要去进行专项训练，经过几个月之后，你的员工就掌握了很多技能，这都是培训出来的。

接下来，我再分享一下作为一个新店铺，我们应该主要培训哪些内容。

首先，我们要培训服务理念，让员工发自内心地去做这个事情。如果理念讲不通，你光教他流程，他是不会去做的。所以我们首先要培训他的服务理念。在接受了我们的理念之后，再来跟他讲服务流程。而流程说一说是不够的，要想成功落地，还需要进行考试和通关。

比如，新进来的员工，经过三天的学习，之后我们就有一个考试和通关。如果通关过了，就证明员工三天试工期通过。考试及通关过了还不够，这只是考试，是纸上谈兵。三天之后我们就要开始实战，实战如果能做好，那员工的 7 天培训就算是过关，这样才有资格在店里进入试用期或者实习期一个月。所以对于一个新的员工，他进来之后，首先要把他的服务意识培养起来。

那么，老员工的培训该怎么办呢？老员工就把他放到其他店铺去。因为店里有三个老员工，一个新员工，你不可能用一个人去改变三个人。把老员工放到已经培训好的店铺，进行 7 天回炉重新学习，重新培训，重新学习理念，重新学习流程，重新考试通关，他合格了，再把他放回来，这四个人就可以拧成一股绳把服务做好。

【落地指导】

（1）在晨会结束时背诵一些服务技巧。

（2）每周进行一次培训。

（3）每月做一次专项训练。

制定激励机制

员工的一切所作所为都应该激励，当然激励也分为正激励和负激励。用什么样的激励方式可以让员工全力以赴地去服务客户？我们一起来学习下面这五套激励机制。

1. 足疗机制

我们去做足疗，为我们提供服务的工作人员在服务的时候都很努力，很认真，很热情。是什么原因呢？就是因为他们有一套自己的机制。

足疗店里的服务人员是没有底薪的，他们会有一个提成。比如服务一次，就有 35 元或者 45 元的提成。然后店里的服务人员会排序轮班。比如第一个客人进来了是谁接待，第二个客人谁接待都是排好的。如果今天客人多，那轮的次数就多，今天客人少，轮的次数就少。这是第一部分。

第二部分，如果今天你在轮班的同时，有一个客户点名说要小陈来服务，假如小陈是 43 号，那么 43 号小陈本来是要轮到第八个人的，结果这个客人点名要 43 号。那么 43 号小陈就可以直接接待这个客户而不需要等到第八个。本身一个足疗是 35 元钱提成，但由于这个客人是直接点小陈，说明小陈之前的服务好，那这个时候就给他 40 元的提成。所以服务人员的收入是与服务水平完全挂钩的，充分调动了他们的积极性。

我们的店铺也可以借鉴足疗机制。先来分享一套基于足疗机制的薪资方案。

首先，我们计算店铺一个月的销售额是多少，再将员工的工资加起来，用工资除以销售额，就得到一个工资占比，假设这个数据是 12%，我们就直接告诉员工以后你们的提成是 12%，这个吸引力是很大的。这个 12% 的提成怎么给呢？最简单的办法就是服务提成 4 个点，充值提成 4 个点，销售提成 4 个点。这是怎么得出的呢，举个例子。

有一位客户来我们店，第一次是小张接待。因为小张服务做得非常好，所以这个客户以后就经常来。那么只要这个客户每次来，不管是不是小张接待，都给小张 4 个点的服务提成。这样的好处就是小张下班之后依然会用手机、微信跟客户保持联系。因为只要客户到店里购物，不管是不是他接待的，他都能得到 4 个点的提成。

会不会出现客户到店里没人搭理的情况呢？不会，因为这个客户到了店里谁接待他，谁就能得到其余两项的 4 个点提成。这样客户到了店里，每一个人都会热情地去接待他，因为都有好处。

2. 包干机制

什么叫包干机制？简单来说就是做得好就有钱赚，做得不好就没钱赚。现在鞋服销售行业一般的员工待遇是 2500 元的底薪加 2% 提成，一般一个月工资可以到 3500 元左右，大家都知道用这样的工资待遇招工是很难的。

我们可以换一种方式，比如直接给保底工资 3500 元，或者 12% 的提成，两者中自选一个。这样一来员工每卖一件衣服收入跟以前就不一样，以前卖一件衣服两个点，1000 元的衣服拿 20 元，现在 12 个点 1000 元的衣服可以赚 120 元。员工的提成高，他就会努力，服务好，状态也好。

保底工资怎么发呢？就是这 3500 元的保底和 12% 的提成两者取高值。如果这个月 12% 的提成加起来超过 3500 元，那就发高的，没有超过 3500 元，我也给你发 3500 元。这样员工就没有任何后顾之忧，招工也好招。而实际上当员工拿了几个月之后，每个月都超过 3500 元的时候，他就再也不要拿你的保底。只有零底薪，自己给自己做事，员工才会全力以赴。

3. 分红机制

如果你的店铺经营得比较好，店铺也比较多，就可以让店长、员工参与分红。比如这个店一年大概销售是 300 万元，超出 300 万元以上的部分，拿出 10% ～ 20% 给员工做分红。比如超出了 50 万元，10% 就是 5 万元，20% 就是 10 万元，假如店里就 5 个人，每个人可以分到 1.2 万元，那员工的积极性就提高了。

对于老板来说有没有损失？没有，因为你店铺的租金之类的成本没有增加，300 万元你该赚的钱依然赚到了，这 50 万元分掉 10 万元，还赚 40 万元，员工也开心，你也开心，最大的赢家还是老板，这叫分红机制。分红可以按月度分红、季度分红、年度分红。

4. 积分机制

积分机制怎么做？我举个例子。我们决定了要按比例给我们员工年底分红。那我们每个月就定下一个目标，每个月比如 20 万元的目标，超出 20 万元的部分的 10% 用于年底分红。那结果这个月一下子卖了 25 万元，超出了 5 万元，这 5 万元的 10% 就是 5000 元，我们留到年底分红。我们经过 12 个月下来，就会累积很多钱去给员工分红。比如，留到年底分红的总金额是 50 万元，然后店里有 3 个员工，这 3 个员工是平均分吗？不是，因为有的员工表现好，有的员工表现不好，有的员工工作了一年，有的员工工作了 7 个月，有的员工刚来才待了 3 个月。财富是大家一起创造的，我们要确保分红是公平公正的。那怎么分呢？可以采取积分考核制，根据每个员工完成任务的数量和难度，给他们分配相应的积分。经过一年下来，就会发现小张总共得了 8 万分，小李总共得了 6 万分，小王总共得了 11 万分。大家入职的时间长短和做事的积极程度不一样，所以每个人得到的分数是不一样的。这 50 万元分红，小张、小李、小王该怎么分呢？就把他们所有的积分加起来当作总分，总分一算正好是 25 万分，那么这 50 万元分红除以 25 万分，一分就相当于两元钱。比如，小张有 8 万分，他就可以得到 16 万元，依次类推。这叫积分机制，是一个非常完美的方案。

5. 众筹机制

众筹机制，顾名思义就是大家一起筹钱，用来干什么呢？比如这个店我们算下来整个投资需要 50 万元，那我就让我的 5 个员工一起参与众筹，这个店投资 50 万元，你们 5 个员工，每个人拿出 2 万元，一共 10 万元，可以得到这个店 30% 的股份或者 40% 的股份。

本来每个员工出 2 万元，按比例来说只能得到 20% 的股份。但是作为老板，你要给他们多一点，给你们 40% 的股份。也就是说，他投资 2 万元，实际上可以得到 4 万元的效益。员工投进来钱，他们就会努力地去赚钱，因为他自己的投资在里面。

如果你的店很多，你管不过来，你可以说投资总共 50 万元，我出 40 万元，你们加起来 10 万元。按这个比例，你们本来只能分 20%。但是我给你们 70%，我只要 30% 就可以了。当员工的股份比老板多的时候，众筹的比例分红比老板多的时候，员工就拼命地干，因为是在为自己干事，为自己干活。

当员工拼命地干了，虽然这个店你分的钱只有 30%，但是你有 10 个 30% 的店，这个就非常可观了。所以，我们要去学习这样的格局和境界。用这样的方式让员工把店当成自己的店，实实在在全力以赴去做这件事情，这就叫众筹机制。

【落地指导】

（1）分析自己店铺的实际情况，找到适合自己的激励机制。

（2）深入了解每一个激励机制的优缺点。

（3）在店铺初步试运行适合自己的激励机制。

设置稽查机制

如果缺少稽查机制，就无法保证服务切实落地，稽查机制是非常重要的一个机制。我们的稽查机制该怎么做呢？

首先，我们要成立项目委员会，要让大家都参与其中。项目委员会的构成要有经理、财务、总监或者高管，还要有员工代表，有一个像董事会一样的完整架构。要配置人员进行每日检查，比如打电话回访客户，我们的员工有没有做服务，做得好不好。还要有专人进行抽查，要有检查有抽查。如果有人作弊，抽查人员就会发现。这样就可以确保每个店铺都会全力以赴地服务客户。

发现不合格的地方，可以采取奖罚措施。比如奖励，我们可以设置 PK 奖励、绩效奖励、特殊贡献奖励。员工发现一个新的服务方案，就可以给予奖励，发现一个新的礼品，客户很喜欢可以给奖励，这些都属于特殊贡献奖励。绩效达标有达标奖，两个店 PK 服务有 PK 奖。这样人家才会全力以赴。

遇到客户投诉必须罚款。有人说如果是客户不讲理，那要不要罚款？如果说是客户不讲理，我们是无法判断的。遇到投诉，员工永远都会说是客户不讲理。所以要想把这个事情执行下去，只要有投诉，不管是不是客户不讲理，员工就要受惩罚。这个时候员工就不会找任何理由，他会想尽办法服务好客户。如果真的遇到客户不讲理，也要先罚款，然后让员工立马去补偿客户，想办法把客户服务好。只要你把客户服务好，客户撤诉了，就返还罚款。我们的目的不是罚款，而是服务好客户。

我们普通项目没有完成，罚款 100 元一次，如果检查人员没发现就罚 200 元一次。我们如何确保检查人员认真检查？如果发现店铺有问题，检查人员先罚款。所以检查人员每天都会提心吊胆，他会拼命地检查哪里有问题。

【落地指导】

（1）成立店铺的项目委员会。

（2）制定员工奖罚措施。

（3）建立督查组。

客户目录

姓名	电话	生日【　　】月			类别	服务顾问	页码
		年份	阴历	阳历			
							1
							2
							3
							4
							5
							6
							7
							8
							9
							10
							11
							12
							13
							14
							15
							16
							17
							18
							19
							20
							21
							22
							23
							24

VIP 客户服务手册

<table>
<tr><td rowspan="3">基础信息</td><td>姓名:</td><td>性别:</td><td>类别：</td><td colspan="2">手机 / 电话:</td><td colspan="2">服务顾问:</td></tr>
<tr><td colspan="3">生日: 年 月 日(阴☐ 阳☐)</td><td>尺码
衣: 裤: 鞋:</td><td colspan="2">储值: CZ1☐ CZ2☐
CZ3☐ CZ4☐</td><td>外地☐
本地☐</td></tr>
<tr><td colspan="5">可沟通方式: 电话☐ 微信☐ 短信☐ QQ☐ 邮箱☐
挂号信☐ 上门拜访☐ 邀请函☐</td><td colspan="2">常驻城市:</td></tr>
<tr><td colspan="8"></td></tr>
<tr><td rowspan="4">一级</td><td>身高:</td><td>身形:</td><td>腰围:</td><td>臀围:</td><td>肩围:</td><td>裤长:</td><td>其他:</td></tr>
<tr><td>肤色:</td><td>体重:</td><td>衣长:</td><td>袖长:</td><td>穿衣风格:</td><td colspan="2">其他:</td></tr>
<tr><td colspan="3">版型要求:</td><td colspan="4">个人喜好:</td></tr>
<tr><td colspan="7">顾客类型: ☐提前消费 ☐当季消费 ☐季末消费 ☐任性消费 ☐其他</td></tr>
<tr><td colspan="8"></td></tr>
<tr><td rowspan="10">二级</td><td colspan="7">喜欢颜色: ① ② ③ ④ ⑤ ⑥ ⑦ ⑧</td></tr>
<tr><td colspan="7">喜欢配饰: ① ② ③ ④ ⑤ ⑥ ⑦ ⑧</td></tr>
<tr><td colspan="7">喜欢品牌: ① ② ③ ④ ⑤ ⑥ ⑦ ⑧</td></tr>
<tr><td colspan="7">购买品类: ① ② ③ ④ ⑤ ⑥ ⑦ ⑧</td></tr>
<tr><td colspan="7">购买系列: ① ② ③ ④ ⑤ ⑥ ⑦ ⑧</td></tr>
<tr><td colspan="7">消费时段: ① ② ③ ④ ⑤ ⑥ ⑦ ⑧</td></tr>
<tr><td colspan="7">购买习惯: ① ② ③ ④ ⑤ ⑥ ⑦ ⑧</td></tr>
<tr><td colspan="7">购物感觉: ① ② ③ ④ ⑤ ⑥ ⑦ ⑧</td></tr>
<tr><td colspan="7">曾赠礼品: ① ② ③ ④ ⑤ ⑥ ⑦ ⑧</td></tr>
<tr><td colspan="7">付款方式: ① ② ③ ④ ⑤ ⑥ ⑦ ⑧</td></tr>
<tr><td colspan="8"></td></tr>
<tr><td rowspan="6">三级</td><td colspan="3">婚姻状况: ☐已婚 ☐未婚
☐单身 ☐离异</td><td colspan="2">邮寄地址:</td><td colspan="2">家庭地址:</td></tr>
<tr><td>职业:</td><td>职务:</td><td>年收入:</td><td>特殊纪念日:</td><td>车辆信息:</td><td colspan="2">学历:</td></tr>
<tr><td colspan="7">性格描述:</td></tr>
<tr><td colspan="7">个人爱好:</td></tr>
<tr><td colspan="7">配偶姓名: 配偶电话: 配偶生日（阴 / 阳历）：
儿女姓名: 儿女生日（阴 / 阳历）：</td></tr>
<tr><td colspan="7">家庭收入: 家庭成员: 教育情况: 可联系时间:</td></tr>
</table>

续表

<table>
<tr><td rowspan="9">四级</td><td colspan="9">第一次进店时间首次消费时间：　　消费金额：　　最近消费时间：</td></tr>
<tr><td colspan="9">首次领礼时间：　　礼品名称：　　礼品领取次数：　　首次开发人员：</td></tr>
<tr><td colspan="9">消费金额：　　消费总次数：　　首次成交导购：</td></tr>
<tr><td colspan="9">客户去年消费金额：　　第一季度：　　第二季度：　　第三季度：　　第四季度：</td></tr>
<tr><td rowspan="5">需求预测</td><td>时段</td><td>件数</td><td>金额</td><td></td><td>品类</td><td></td><td>到店时间</td><td></td></tr>
<tr><td>第一季度</td><td></td><td></td><td></td><td></td><td></td><td></td><td></td></tr>
<tr><td>第二季度</td><td></td><td></td><td></td><td></td><td></td><td></td><td></td></tr>
<tr><td>第三季度</td><td></td><td></td><td></td><td></td><td></td><td></td><td></td></tr>
<tr><td>第四季度</td><td></td><td></td><td></td><td></td><td></td><td></td><td></td></tr>
<tr><td></td><td></td><td>新年春节</td><td></td><td></td><td></td><td></td><td></td><td></td><td></td></tr>
<tr><td></td><td></td><td>其他时间</td><td></td><td></td><td></td><td></td><td></td><td></td><td></td></tr>
<tr><td rowspan="5">备注</td><td colspan="9"></td></tr>
<tr><td colspan="9"></td></tr>
<tr><td colspan="9"></td></tr>
<tr><td colspan="9"></td></tr>
<tr><td colspan="9"></td></tr>
</table>

<table>
<tr><td colspan="9">各类消费记录</td></tr>
<tr><td>口期</td><td>款号</td><td>尺码</td><td>折扣</td><td>金额</td><td>顾客反馈</td><td>备注
（购买用途/领礼名称等）</td><td>购物情景描述</td><td>导购员</td></tr>
<tr><td></td><td></td><td></td><td></td><td></td><td></td><td></td><td></td><td></td></tr>
<tr><td></td><td></td><td></td><td></td><td></td><td></td><td></td><td></td><td></td></tr>
<tr><td></td><td></td><td></td><td></td><td></td><td></td><td></td><td></td><td></td></tr>
<tr><td></td><td></td><td></td><td></td><td></td><td></td><td></td><td></td><td></td></tr>
<tr><td></td><td></td><td></td><td></td><td></td><td></td><td></td><td></td><td></td></tr>
<tr><td></td><td></td><td></td><td></td><td></td><td></td><td></td><td></td><td></td></tr>
<tr><td></td><td></td><td></td><td></td><td></td><td></td><td></td><td></td><td></td></tr>
<tr><td></td><td></td><td></td><td></td><td></td><td></td><td></td><td></td><td></td></tr>
</table>

贵宾客户生日卡

________月　　贵宾客户生日卡　【每月更新】				
生日	页码	姓名	服务顾问	跟进情况

VIP 客户全年落地跟进表

<table>
<tr><td colspan="6">唯一编号:　　　　　　　　　　　　姓名:</td></tr>
<tr><td colspan="6">表格正确使用方法：在表格内打“√”，并在 VIP 情况栏填写 VIP 回应</td></tr>
<tr><td colspan="6">VIP 服务时间节点</td></tr>
<tr><td rowspan="4">当天</td><td>日期</td><td></td><td rowspan="4">2～3 天</td><td>日期</td><td></td></tr>
<tr><td>跟踪内容</td><td></td><td>跟踪内容</td><td></td></tr>
<tr><td>VIP 情况</td><td></td><td>VIP 情况</td><td></td></tr>
<tr><td>服务人员</td><td></td><td>服务人员</td><td></td></tr>
<tr><td rowspan="4">7～9 天</td><td>日期</td><td></td><td rowspan="4">15 天左右</td><td>日期</td><td></td></tr>
<tr><td>跟踪内容</td><td></td><td>跟踪内容</td><td></td></tr>
<tr><td>VIP 情况</td><td></td><td>VIP 情况</td><td></td></tr>
<tr><td>服务人员</td><td></td><td>服务人员</td><td></td></tr>
<tr><td colspan="6">以后每周</td></tr>
<tr><td rowspan="4">第一周</td><td>日期</td><td></td><td rowspan="4">第二周</td><td>日期</td><td></td></tr>
<tr><td>跟踪内容</td><td></td><td>跟踪内容</td><td></td></tr>
<tr><td>VIP 情况</td><td></td><td>VIP 情况</td><td></td></tr>
<tr><td>服务人员</td><td></td><td>服务人员</td><td></td></tr>
<tr><td rowspan="4">第三周</td><td>日期</td><td></td><td rowspan="4">第四周</td><td>日期</td><td></td></tr>
<tr><td>跟踪内容</td><td></td><td>跟踪内容</td><td></td></tr>
<tr><td>VIP 情况</td><td></td><td>VIP 情况</td><td></td></tr>
<tr><td>服务人员</td><td></td><td>服务人员</td><td></td></tr>
<tr><td colspan="6">换季</td></tr>
<tr><td rowspan="4">第一季度</td><td>日期</td><td></td><td rowspan="4">第二季度</td><td>日期</td><td></td></tr>
<tr><td>跟踪内容</td><td></td><td>跟踪内容</td><td></td></tr>
<tr><td>VIP 情况</td><td></td><td>VIP 情况</td><td></td></tr>
<tr><td>服务人员</td><td></td><td>服务人员</td><td></td></tr>
<tr><td rowspan="4">第三季度</td><td>日期</td><td></td><td rowspan="4">第四季度</td><td>日期</td><td></td></tr>
<tr><td>跟踪内容</td><td></td><td>跟踪内容</td><td></td></tr>
<tr><td>VIP 情况</td><td></td><td>VIP 情况</td><td></td></tr>
<tr><td>服务人员</td><td></td><td>服务人员</td><td></td></tr>
</table>

顾客服务记录跟踪表

沟通时间	沟通方式	沟通内容 / 结果	到店时间	购买记录					备注
				购买数量	购买金额	累计额	购买款号	未购买 / 原因	

尴尬场景处理 72 计

1. 客户的扣子掉了

处理方法：找一件衣服或裤子给客户换上，再将客户掉落的扣子进行缝补交还客户。

2. 客户的丝袜钩破了

处理方法：提示客户并送上一双新丝袜进行更换，并在客户离店时再送一双给客户，让客户随身携带以备不时之需。

3. 客户的妆花了

处理方法 1：如店铺内设有 VIP 专属试衣间，可以让客户在此进行补妆。

处理方法 2：准备好湿纸巾、小镜子及简单化妆品，提供给客户。

4. 客户的文胸肩带断了

处理方法：给客户准备隐形肩带进行替换。

5. 客户的包包肩带突然断了

处理方法：给客户提供一个漂亮上档次的手拎带，方便装随身物品。

6. 客户试鞋时，突然发现袜子破洞了

处理方法：给客户送双新袜子换上。

7. 客户的鞋跟断了

处理方法：先让客户坐下来休息，并找一双舒适的鞋给客户换上，随后帮客户维修鞋跟，清理干净。

8. 客户的发绳突然断了，导致头发凌乱

处理方法：提供头绳给客户使用。

9. 客户的眼镜有点模糊看不清

处理方法：为客户提供镜片清洁纸巾。

10. 客户的新鞋磨脚，走路很别扭

处理方法：给客户准备创可贴，减少客户新鞋走路带来的不适。

11. 下雨天客户的鞋子湿了

处理方法：送给客户一双干净的袜子，并帮客户吹干鞋子。成交后将客户的旧鞋留在店铺护理，提升客户满意度并促使客户二次进店。

12. 下雨天客户忘记带伞

处理方法：当客户准备离店时，拿出雨伞借给客户使用。

13. 热导致客户晕妆

处理方法：提供湿纸巾给客户使用。

14. 客户乘电动车 / 自行车出行，购买东西多，导致行动不便

处理方法：提供送货上门服务。

15. 客户的衣服线头未剪干净

处理方法：帮助客户将线头处理干净。

16. 客户试衣服时穿反了

处理方法：不经意地提醒，比如说："我们家试衣间有点黑，看不太清，老是有客户穿反。"

17. 客户的衣服起球

处理方法：在聊天过程中自然地帮客户去除衣服上的毛球。

18. 客户的衣服不小心开线

处理方法：第一时间拿一件衣服给客户换上，帮助其缝补好衣服。

19. 客户的耳环掉了

处理方法：帮助客户找耳环，让客户在一旁稍作休息，找到耳环后，要用消毒纸巾擦拭一下再递还客户。

20. 美瞳意外掉出

处理方法：准备美瞳液，提供给客户清洗美瞳。

21. 客户试衣服过程中，手指甲折断了

处理方法：提供指甲刀给客户使用。

22. 头发被雨淋湿

处理方法：准备吹风机，帮助客户吹干头发。

23. 陪伴的同伴很无聊

处理方法：为客户同行人员提供书刊等消磨时间的物品。

24. 打招呼客户没有听到

处理方法：持续保持微笑，直到客户发现为止。

25. 客户送礼不方便自己出面

处理方法：帮助客户送货上门。

26. 客户逛街时突然来生理期

处理方法：提醒客户并帮其遮挡，给客户送上生理期用品，并冲泡一杯红糖水。

27. 客户的牙齿有异物自己未发现

处理方法：悄悄用手势提醒客户。

28. 客户在进门 / 离店 / 店内闲逛时，走路不小心摔倒

处理方法：马上搀扶客户起来，第一时间道歉并询问客户有无受伤。

29. 客户进出门时头碰到玻璃门上

处理方法：马上向客户道歉，并解释："是我们的提醒标志不够清晰，下次做一个提醒标志。"

30. 客户的裤子拉链开了

处理方法：提醒客户皮带没系好，客户检查时会发现。

31. 客户衣服没扣好走光

处理方法：提醒客户，并挡在客户前面，避免其他人看见。

32. 客户在试鞋时，裤子裂开

处理方法：拿一条店铺备用裤子给客户换上，帮助客户进行缝补，缝补完之后交还客户。

33. 客户进店时叫错导购员名字

处理方法：将错就错，马上回应客户，并做好接待。

34. 客户想吐痰没找到垃圾桶，忍不住吐在了地上

处理方法：第一时间处理，并给客户递上纸巾，提醒客户垃圾桶所在位置。

35. 客户的衣服上有很多头皮屑

处理方法：告诉客户肩上有灰尘，借机帮客户清理干净。

36. 客户的假发脱落

处理方法：称赞客户的发型，然后悄悄地帮客户整理好。

37. 客户的衣服拉链卡住

处理方法：跟客户开玩笑说："看来这件衣服跟定你了，都舍不得分开。"

38. 客户误拿东西

处理方法：不经意地道歉并提醒："对不起，我不小心把东西拿错了，这个是您的。"

39. 客户说方言服务人员听不懂

处理方法：跟客户开玩笑，学两句方言。

40. 客户吃完东西导致嘴里有异味

处理方法：给客户递上口香糖或木糖醇。

41. 客户未买单穿着货品就走了

处理方法：不经意地提醒。比如说：“哥 / 姐，我们家的商品穿着感觉很好吧，就像自己的一样，确实很适合您。”

42. 客户抽烟不小心烫破衣服

处理方法：以开玩笑的方式说：“哥，你这是决定要买喽。”再转移话题：“没关系，我们来处理。”

43. 口红粘在牙上

处理方法：您的口红颜色真好看，只是有一点点粘在牙上，给您纸巾擦一擦。

44. 客户拿错手机

处理方法：不经意地提醒。比如：“不好意思，姐，我家手机和你同一个牌子，都不好辨认了。你再检查下手机是不是你的，拿错了影响你的工作就太对不起了。”

45. 试衣服时，不小心把口红蹭到了衣服上

处理方法：帮客户清理衣服，并进行安慰：“没关系，姐，我待会儿帮你清理下，保证印记看不出来。”

46. 客户喝水时不小心打碎杯子

处理方法：安慰客户，然后及时清理现场。

47. 客户感冒留鼻涕，不停地打喷嚏

处理方法：递上纸巾给客户，询问客户是否需要帮助。

48. 客户试蕾丝面料衣服时项链挂住了衣服

处理方法：一边安慰客户一边帮助客户取下。

49. 客户试衣服，出汗衣服脱不下来

处理方法：安慰客户：“我帮您脱吧，商场空调开得太小，先喝口水凉快一下。”

50. 客户选了几款裙子都穿不进去

处理方法：安慰客户："姐，这批裙子版型设计小了，我们已经反馈过了，下一批会改进。"

51. 购物时情侣 / 夫妻意见不和

处理方法：岔开话题，缓解气氛。

52. 小朋友不小心在门店内小便

处理方法：及时进行处理，让客户消除尴尬。

53. 服务人员认错小朋友的性别

处理方法：马上向客户道歉，并逗小朋友开心。

54. 客户的孩子哭闹需要哺乳

处理方法：给客户提供私密空间，以便进行哺乳。

55. 客户带小朋友购物，小朋友大吵大闹

处理方法：专人陪伴小孩在游乐区玩耍，送贴纸等小玩具，让客户有时间和心情留店。

56. 客户的宝宝需要换尿不湿，找不着地方

处理方法：给客户提供私密场所。

57. 客户的孩子之间打架哭闹

处理方法：轻声协调，给予糖果、水果安抚孩子的情绪。

58. 小孩摔倒碰伤

处理方法：准备医疗包，及时帮孩子做简单的处理。

59. 爸爸带女儿买衣服，不方便换衣服

处理方法：询问客户意见，是否需要服务人员帮孩子换衣服。

60. 客户的孩子打碎店里花瓶

处理方法：询问孩子有无受伤，将其带至其他区域，将地面整理干净，避免有人受伤，并安慰家长。

61. 孩子哭闹想要店里的气球

处理方法：送给小朋友并告诉他："宝贝，阿姨可以送给你哦，但是乖孩子不可以哭哦！"

62. 客户单独带宝宝逛街的，特别想试衣服，可是没人带孩子

处理方法：帮客户照看孩子，给客户空间进行试穿。

63. 客户到店购买，现金不够

处理方法：请客户先交订金，将商品预订下来。

64. 客户线上支付一直不成功

处理方法：让客户别着急，并道歉："对不起，姐/哥，我们店铺信号不好，耽误您时间了。"

65. 客户购买后忘记买单

处理方法：不刻意地提醒，避免尴尬，比如说："姐/哥，您是要帮家人也挑选一下再一起买单是吗？"

66. 客户试了几个小时衣服仍未成交。

处理方法：保持微笑服务，帮助客户化解尴尬，为下一次成交做铺垫。

67. 客户看错价格导致买单前未成交

处理方法：了解客户需求，给客户推荐心理价格范围内的商品。

68. 客户刷卡未成功

处理方法：用开玩笑的方式打破尴尬，比如说："您的卡太多了，密码都记不清了，像我们没钱的就只有一张卡。"

69. 买单后，客户索要赠品，但是现场没有

处理方法：先加客户微信，后期赠品到货后，给客户快递上门。

70. 客户误把身份证当卡刷

处理方法：幽默地化解尴尬，比如说："您身份证上的照片真好看，

第一次看见能把身份证拍得这么好的。”

71. 客户购买后，想要领取双份礼品

处理方法：解释礼品只能领取一份，当客户离店的时候追出去将另外一份也送给客户。

72. 客户到店忘记带钱包，手机没电，无法回家

处理方法 1：帮助客户叫车，垫付车资。

处理方法 2：让客户在店内休息，帮其将手机充电，进行安慰：“没关系，您可以在这稍坐一会儿，吃些零食，我这有充电器，您充会儿电再走。”

赞美客户的 50 大话术

1. 您真不简单！我很欣赏您！我很佩服您！

2. 您看上去真精神 / 真棒 / 真漂亮。

3. 您微笑时很美！

4. 您说话非常得体。

5. 您的事业很成功。

6. 您的孩子很可爱。

7. 我对您的工作表示敬意。

8. 您的性格很好。

9. 您真幽默。

10. 您穿的那种颜色很好看。

11. 您很有品位。

12. 您讲得太好了！

13. 我非常羡慕您。

14. 您很有魅力！

15. 您学识真渊博！

16. 您的皮肤真好！

17. 您的声音真好听！

18. 和您聊天真愉快！

19. 您的发型很漂亮。

20. 你们真是天生的一对！

21. 您的耳环很有特点。

22. 您的提包很高档。

23. 您说话很亲切！

24. 您很有领导的风范和魅力。

25. 您是一位非常好学的人！

26. 您真是一位伟大的母亲！

27. 您是一位非常有事业心和责任心的人！

28. 您的穿着很有个性，很时尚！

29. 您是一位非常孝顺的人！

30. 您的眼光真好，这款商品是我们的最新商品，您一下就挑中了！

31. 您的名字取得真好听，您的父母一定很有学问。

32. 您的父亲一定特别英俊，因为女孩一般像父亲！

33. 您儿子一定很帅，儿子一般像妈妈！

34. 大哥真有福气，娶了您这样漂亮的太太，肯定是大哥当时先追的您，大哥是怎样把您追到手的？

35. 您笑起来，眼睛特别迷人！

36. 您的皮肤怎么这么白，而且白里透红，健康靓丽，很少看到像您这么好的皮肤！

37. 您身材真标准，高个细腰，您应该当模特儿！

38. 您是穿什么都好看，真是没办法，好身材给人带来的美感就是令人赏心悦目！

39. 我觉得您很有内涵，越有内涵的人越虚怀若谷！

40. 您好有气质、漂亮、可爱、温柔、有个性，特别。

41. 您的歌唱得真不错，挺有韵味的。

42. 听你们同事讲，你们去年又加薪又去旅游。

43. 您给人感觉到一种权威和力量的存在。

44. 真看不出来，您对事业如此执着。

45. 我很荣幸认识您这样有内涵的漂亮朋友。

46. 我发现古今中外漂亮的人都有一个共同的特点，就是眼睛特别迷人！

47. 像您这么有魄力、能干的领导，把这么多人的部门带得这么优秀，对待下属又热心。

48. 您是一个值得信任的人，我很欣赏您！

49. 您的气质很好，像明星一样。

50. 客户临别时请说："经常回家看看。"

面料洗涤保养说明大全

棉质服装

※ 洗涤方式

1. 洗涤时不要用力搓洗，以免衣服变形，影响尺寸。

2. 白色衣物可用碱性较强的洗涤剂高温洗涤，起漂白作用。

3. 贴身内衣不可用热水浸泡，以免出现黄色汗斑。

4. 其他颜色衣衫最好用冷水洗涤，不可用含有漂白成分的洗涤剂或洗衣粉进行洗涤，以免造成脱色，更不可将洗衣粉直接倒落在棉织品上，以免局部脱色。

5. 浅色、白色可浸泡 1 ～ 2 小时后洗涤，去污效果更佳。

6. 深色不要浸泡时间过长，以免褪色，应及时洗涤，水中可加一匙盐，使衣服不易褪色。

7. 深色衣服应与其他衣物分开洗涤，以免染色。

8. 洗衣机排水时，应把衣服叠起来，大把地挤掉水分或是用毛巾包卷起来挤水，切不可用力拧绞，以免衣服走形；也不可滴干，这样衣服晾干后会过度走形。

9. 洗涤脱水后应迅速平整挂干，以减少褶皱。

10. 除白色织物外，不要在阳光下暴晒，避免由于暴晒而使得棉布氧化加快，从而降低衣服使用寿命并引起褪色泛黄。

11. 若在日光下晾晒时，建议将里面朝外进行晾晒。

※ 保养方式

1. 忌长时间暴晒，以免降低坚牢度及引起褪色泛黄。

2. 洗净晾干，深、浅色分置。

3. 注意通风，避免潮湿，以免发霉。

4. 贴身内衣不可用热水浸泡，以免出现黄色汗斑。

5. 针织品最好不要机洗，不可用力拧干，针织品不可用力纬向拉扯。

6. 新纯棉衣料，大多会有浮色，建议穿前先洗涤一次。

麻质服装

※ 洗涤方式

1. 麻织物的洗涤要求基本上与棉布相同，但其浸泡时间不宜过长。

2. 麻纤维一般都较刚硬，应当轻柔搓洗，不宜在搓板上强力搓揉，忌用硬刷擦刷，以免起毛。苎麻服装尤需注意，否则起毛后再穿时会感觉刺痒。

3. 漂洗后不能用力拧挤或脱水，以防麻纤维滑移，影响外观和耐穿程度。

4. 晾晒时，可在太阳下晾晒，但不要暴晒或晾晒时间过长，防止褪色。

※ 保养方式

1. 麻类服装收藏时可以折叠存放，但一定要折叠平整，折痕要有规则，最好是按商品包装时原有的折痕折叠。

2. 如果是亚麻西装等外衣，应该用衣架吊挂在衣柜里，以保持服装的挺括。

3. 若长期存放麻类服装，衣柜一定要干燥，防止易吸湿的麻类服装受潮霉变。

丝质服装

※ 洗涤方式

1. 忌用碱性洗涤剂，应选用中性或丝绸专用洗涤剂。

2. 用冷水或温水洗涤，不宜长时间浸泡。

3. 轻柔洗涤，忌拧绞，忌硬板刷刷洗。

4. 应阴干，忌日晒，不宜烘干。

5. 部分丝织物应干洗。

6. 深色丝织物应清水漂洗，以免褪色。

7. 与其他衣物分开洗涤。

8. 切忌拧绞。

※ 保养方式

1. 忌暴晒，以免降低坚牢度及引起褪色泛黄，色泽变劣。

2. 忌与粗糙的物品或酸、碱物质接触。

3. 收藏前应洗净、熨烫、晾干，最好叠放，用布包好。

4. 不宜放置樟脑丸，否则白色衣物会泛黄。

5. 熨烫时使用垫布，避免将衣服熨坏。

毛质服装

※ 洗涤方式

1. 不耐碱，应选用中性洗涤剂，最好采用羊毛专用洗涤剂。

2. 冷水短时间浸泡，洗涤温度不超过 40℃。

3. 采用挤压洗，忌拧绞，挤压除水，平摊阴干或折半悬挂阴干，勿暴晒。

4. 湿态整形或半干时整形，能除褶皱。

5. 机洗勿用波轮洗衣机，建议先用滚筒洗衣机，应选择轻洗档。

6. 高档全毛料或毛与其他纤维混纺的衣物建议干洗。

7. 夹克类及西装类应干洗，不宜水洗。

8. 切忌用搓衣板搓洗。

※ 保养方式

1. 忌与尖锐、粗糙的物品和强碱性物品接触。

2. 择阴凉通风处晾晒，干透后方可收藏，并应放置适量的防霉防蛀药剂。

3. 收藏期间应定期打开箱柜，通风透气，保持干燥。

4. 高温潮湿季节，应晾晒几次，防止霉变。

5. 切忌拧绞。

皮革服装

※ 洗涤方式

1. 先在皮衣内侧不显眼处试试是否会褪色，如不褪色，可以用棉绒布擦去皮衣表面灰尘。

2. 用稀释的中性洗剂擦洗，再用干毛巾擦净。

3. 皮衣衬里脏了，可用小牙刷沾上稀释的洗剂，顺着纹理刷去污迹，再用干毛巾吸收水分，这样可避免水分渗入皮质。

4. 在皮衣表面涂层凡士林油。

5. 清洗人造皮衣，可用温水浸湿衣服，然后在洗剂溶液中泡一会儿，挤出脏水。

6. 擦净衬里，再用纱布蘸洗剂溶液拭擦衣面，然后用温水冲净。

7. 如果人造皮衣不是太脏，用湿布擦洗即可。

8. 皮衣轻微玷污，可用橡皮擦直接拭擦，这个方法对人造皮革特别有效。

9. 清洗过后或被雨淋湿的皮衣，不能直接暴露于阳光下晒干，而应先用毛巾将水分吸干，再在水渍处均匀地涂上甘油或凡士林，挂在衣架上，置于温暖的室内待其慢慢晾干。

10. 衬里清洁后，把衬里翻出，挂于阴凉处晾干。

11. 不可接触油污、酸碱物质，不可用水和汽油涂擦，以免皮料发硬。

※ 保养说明

1. 皮衣受潮发霉，要用天鹅绒或灯芯绒擦去霉斑，然后再用皮革去污剂擦拭。

2. 顽固霉斑可用洗涤剂加 9 倍水，用软毛刷蘸上刷净。

3. 晾干后再以蘸有少量四氧化硅的抹布擦亮皮面（四氧化硅可在化工原料店购买）。

4. 用干布擦一遍皮面，涂上一层凡士林油，15 分钟后用干布擦去，霉点便会消失。

5. 想令失去光泽的皮衣恢复光彩，可用毛巾蘸稀释后的蛋白轻拭。

6. 皮衣表面有刮花痕，可用棉花蘸少许与皮衣颜色相同的鞋油涂擦，再以棉质软布擦亮。

7. 防止雪水雨淋，收藏是要保持干燥，避免高温。

8. 穿着时不能用力拉扯，避免与尖硬物碰触。

羽绒服

※ 洗涤方式

1. 忌碱性物。

2. 忌用洗衣机搅动或用手揉搓。

3. 忌拧绞。

4. 忌明火烘烤。

5. 如果羽绒服不太脏，可采用干洗法，用毛巾蘸汽油在领口、袖口、前襟等处轻轻揩拭。

6. 油污去除后，再用干毛巾揩拭沾有汽油处，待汽油挥发干净后即可穿用。

7. 如果羽绒服太脏，只有采用整体水洗法。

8. 先将羽绒服在冷水中浸泡 20 分钟。

9. 用 2 汤匙左右的洗衣粉倒入水温为 20 ～ 30℃的清水中搅匀，然后放入清水中，捞出并挤去水分的羽绒服，浸泡 5 ～ 10 分钟。

10. 将羽绒服从洗涤液中取出，平铺在干净台板上，用软毛刷蘸洗涤液从里至外轻轻刷洗。

11. 刷洗干净后，将衣服放在洗涤液中拎涮几下，然后在 30℃的温水中漂洗 2 次后，再放入清水中漂洗 3 次，以彻底除去洗涤剂残液。

12. 将漂洗干净的羽绒服用干浴巾包卷后轻轻吸出水分，然后放在阳光下或通风处晾干。

13. 干透后，用小棍轻轻拍打衣面，使羽绒服恢复原有的蓬松柔软。

※ 保养方式

1. 如果羽绒服没有明显的脏迹，新羽绒服可不必清洗，用透气的物品（如整理袋）包好，放入一粒樟脑球以防虫蛀，然后存放于通风干燥的衣柜内即可，注意上面不要受重压。

2. 夏秋季节雨水多，雨季过后，最好把羽绒服拿出来晾一晾，防止霉变。

3. 如果发现有霉点，可用棉球沾酒精擦拭，再用干净的湿毛巾擦洗干净，晾透后再妥善收藏。

4. 不能放在阳光下暴晒，否则新装就有可能褪色成旧衣裳了。

西装

※ 洗涤方式

1. 干洗，适用局部污垢清洗，在洗之前先检查哪些部位比较脏。然后用水喷湿喷透，放少量高级肥皂或洗衣粉，用刷子刷干净，再用清水把去污剂（肥皂、洗衣粉之类）漂净。

2. 洗干净后晾干至八九成，把西装铺放在平坦的毡面上，再用半干的白布平铺在要熨的西装表面，不要用毛巾，按顺序将西装熨平熨干。

3. 湿洗，方法与干洗相同，清洁剂可选用“丝毛类洗涤剂”洗涤，但不要用洗衣机代劳。

※ 保养方式

1. 不穿西装的时候，就要及时将口袋里的东西取出，用毛刷顺方向把西装表面的尘土刷干净。

2. 用西装衣架挂起，外罩一个干净的胶袋。

3. 如果不能将西装挂起，可以按照平时折衬衫的方法，把西装折叠后，放在塑膜袋里，也可以用纸包着樟脑丸一起存放，切忌用力压或折，以免压实压皱。

涤纶服装

※ 洗涤方式

1. 可用各种洗衣粉及肥皂洗涤。

2. 洗涤温度在 45℃以下。

3. 可机洗，可手洗，可干洗。

4. 可用毛刷刷洗。

※ 保养方式

1. 不可暴晒。

2. 不宜烘干。

锦纶（尼龙）服装

※ 洗涤方式

1. 选用一般合成洗涤剂，水温不宜超过 45℃。

2. 可轻拧绞，忌暴晒和烘干。

3. 低温蒸汽熨烫。

4. 洗后通风阴干。

※ 保养方式

1. 熨烫温度不能超过 110℃。

2. 熨烫时一定要打蒸汽，不能干烫。

针织服装

※ 洗涤方式

1. 针织衣服在洗涤前，拍去灰尘放在冷水中浸泡 10 ～ 20 分钟，拿出挤干水分，放入洗衣溶液或肥皂溶液中轻轻搓洗，用清水漂洗。

2. 为了保证毛线的色泽，可在水中滴入 2% 的醋酸（食用醋即可）来中和残留的肥皂。

3. 用茶水洗涤针织衫（白色衣服最好不要使用此方法），不仅能将灰尘洗尽，还能使毛线不褪色，延长使用寿命。

4. 白色针织衫穿久了会逐渐发黑。如果将针织衫漂洗后放入冰箱冷冻一小时，再取出晾干，即可洁白如新。

5. 若是深色针织沾了灰尘，可用海绵蘸水后挤干，轻轻擦拭。

※ 保养方式

1. 切忌用晾衣挂。

2. 应避免阳光下的暴晒，这样会破坏它的光泽及弹性，使其变黄、变黑，针织衫洗涤后应采用阴干的方式，放在通风处干燥的地方保存。

3. 平放并根据衣物原形摆放以免变形，可以免熨烫。

4. 如果不能平放，最好放在网兜里面阴干。

牛仔服装

※ 洗涤方式

1. 如果是买回来第一次下水，那需要在水中倒一些白醋或者盐，同时把裤子翻转过来浸湿大约半小时，用来锁住颜色。

2. 将牛仔裤翻面放入水中手洗，避免不必要的清洗褪色。

3. 一筒不容四裤：4 条以上牛仔裤会非常沉，以至于影响到洗衣机的转水过程，这样不但有损洗衣机本身，而且裤子洗不干净的，甚至会出现褶皱。

4. 请千万别用热水浸泡裤子，那会有很大程度的缩水现象，水温应保持 30℃以下。

5. 用温和的洗洁剂，切勿用漂白剂或任何添加含漂白剂或荧光剂的商品。

6. 如果牛仔裤不是有油污或其他肮脏情形时，尽可能减少洗衣粉用量，甚至可清水洗涤即可。

7. 晾干牛仔裤时，一定从腰部平整挂起（用夹子固定撑平，切勿拉紧）翻过来晾晒，晾在干燥通风处，避免阳光暴晒，容易引发严重的氧化褪色或变硬。

8. 洗牛仔裤的时候，要把里面掏出来洗。

9. 如果不想洗牛仔裤，建议放在冷藏室，能去除衣服上的异味。

10. 无论你的牛仔裤洗后是什么鬼样都别用熨斗烫。

※ 保养方式

1. 牛仔裤最佳的清洗时间为 6 ～ 12 个月。

2．尽量 6 ～ 12 个月清洗一次，如果夏天出汗很多，你可以将自己的牛仔裤挂通风的地方，喷上一些清水，让它顺风晒干，这样牛仔裤上的汗味就消失了。

3. 如果牛仔裤粘上了一些不干净的东西，你可以在脏的地方喷上清水，然后轻轻搓掉脏东西，再挂在通风很好的地方，自然风干就好了。

4. 第一次清洁不要干洗或是机洗，最好是穿在自己身上清洁，这样清洗牛仔裤，会使牛仔裤会更加符合自己的腿型，穿出来的效果会更好。

5. 牛仔裤在洗前一定得做一些保色处理，将牛仔裤浸放在有水的盆内，然后放入两勺白醋或者盐，浸泡约半小时，这样处理之后的牛仔裤掉色就不会那么严重了。

各类心动礼品举例

【贵】

①电器 / 子类：太阳能充电宝、智能家居、车载冰箱、扫地机器人、熨烫机、跑步机、九阳豆浆机、甩脂机、车载吸尘器、iPAD。

②家居类：行李箱、按摩椅、养生足浴盆、高端衣帽间护理箱。

③车辆类：宝马单车、山地自行车、平衡车。

④常用物品：墨镜、蚕丝被、精致茶壶、小罐茶、香水。

【重】

①食用类：矿泉水。

②家居类：按摩椅、落地风扇。

③电器 / 子类：车载冰箱、跑步机、电视机、微型空调。

④车辆类：山地自行车、宝马单车。

【大】

①玩具类：玩具熊、呼啦圈。

②家居类：被子、行李箱、按摩椅、蚕丝被、养生足浴盆、夏凉被、羊驼被、小米拉杆箱。

③车辆类：山地自行车、宝马单车。

④电器 / 子类：电视机、微型空调、跑步机。

【日常用品】

①洗护类：洗衣液、鞋油、除臭剂、防蚊液、专业擦鞋布、德国进口手工精油皂、鞋履清洗剂、驱蚊手环。

②调味类：橄榄油、芝麻油。

③生活用品：袜子、背包、创口贴、眼镜布、内裤、烟灰缸、鞋刷、雨伞、卡包、手拿包、商务包、天堂伞、决明子枕芯、湿巾、纸巾、皮带、钥匙扣、防晒套袖、登山杖、冰爪、拖鞋、鞋钉、吹风机、防磨贴、整理箱、懒人神器、糖罐、落地扇、油壶、果皮刀、护手霜、提鞋器、晾衣架、夏凉席、睡衣、套装内衣、智能电饭煲、安全裤、护眼灯、修甲套盒、口罩、小手电、手携小风扇、腰带、充电宝、手机壳、化妆包、收纳袋、沐浴套装、钢笔、床上四件套、拉力器、漂白液、遮阳帽、苏泊尔电磁炉。

④鞋袜类：长丝袜、短丝袜、鞋垫、袜子、男士棉袜、船袜、半码垫。

⑤儿童用品类：儿童玩具、绘画本、隔汗巾、彩色笔、气球、沙滩玩具、野餐垫、芭比娃娃、汗巾。

⑥厨具类：马克杯、保温杯、不锈钢保温壶、不锈钢三件套锅、55℃杯、电热水壶、咖啡杯、水杯五件套。

⑦饰品类：帽子、耳环、吊坠、丝巾、手链、胸针、项链、毛衣链。

⑧其他：玩具类、礼品盒、毛巾套盒、餐具套盒、纸巾盒。

【标新立异商品】

①电器子类：补水仪、健身抖抖机、按摩仪、甩脂机、车载冰箱、车载吸尘器、扫地机器人、跑步机、万能充电插座。

②车辆类：动感单车、平衡车。

③厨具类：韩式多功能火锅、电动迷你果汁机、涮烤一体锅、三层蒸锅、无烟烧烤机、户外烧烤箱。

④家居类：智能家居、帐篷、空气净化器、足浴盆。

【免费礼品】

①女装适用：羊绒围巾、真丝围巾、围脖、胸针、袜子、手套、防晒冰袖、羊绒洗液、防虫樟木片、晾晒篮、静电毛刷、吹风机、花草除味包、剃球器、毛衣链、洗手液、洗衣液、多功能衣架、精品购物袋、油壶、拖鞋、草帽、防晒帽、冰袖、项链、发饰、平底锅、平铺晾衣架、地垫、香皂、安全裤、化妆包、手机壳（定制）、钱包 / 卡包、美妆镜、（健身、美容、美发卡）、电烤箱、自动扫地机、跑步机、一体锅、落地扇、补水仪、空气净化器、加湿器、蚕丝被、四件套、洗碗机、养生壶、咖啡机、空调扇、洗车器、玫瑰精油皂、电子秤、棉麻围巾、数据线、瑜伽垫、VR 眼镜、香水挂件、手链、耳环。

②男装适用：茶具茶勺两件套、蓝牙音箱、代金券、小型蒸汽熨斗、牛皮拖鞋、运动器械、健身卡、洗车卡、钥匙扣、车载挂件、手机壳（定制）、钱包 / 卡包、（健身、美容、美发卡）、跑步机、自动扫地机、空气净化器，加湿器、养生壶、咖啡机、空调扇、洗车器、定制 T 恤、打火机、钱包、名片夹、领带、袖扣、车载充电器、手机指环、懒人神器、数据线、VR 眼镜、烟灰缸。

③童装适用：彩色笔、小风车、儿童气球、溜娃神器、储钱罐、发饰、DIY 积木、漫画贴纸、漫画书、童袜、品牌水杯、防蚊扣、湿纸巾、儿童拖鞋、吸汗巾、书包、雨伞、儿童内裤、品牌玩偶、儿童手套、护手霜、儿童餐具、荧光棒、风筝、毛绒玩具、画笔、玩具公仔、儿童套碗、驱蚊手环、12 色水彩笔、手压电风扇、防走失书包、儿童雨衣、儿童雨鞋、玩具机器人及其他玩具、儿童时尚爆款围巾、小板凳、保温盒、帽子、包包、项链、布娃娃、玩具车、文具套装、画板、足球、篮球、乒乓球、跳绳、芭比娃娃、电子手表、积木、毛巾、指甲剪套装、多功能衣架、小台灯、平铺晾衣架、驱蚊器、洗衣袋、相册、洗澡盆。

④家纺适用：一体锅、落地扇、养生锅、挂烫机、蚕丝被、四件套、洗碗机、养生壶、咖啡机、空调扇、洗车器、VR 眼镜。

⑤行业通用：保温杯、杯子、水杯套装、马克杯、彩虹杯、定制照片马克杯、保温杯、小型蒸汽熨斗、青花瓷两件套碗、厨房套碗、日式碗筷、矿泉水、可乐、糖果雨伞、旅行背包、墨镜、去毛机、抽纸、手机支架、签字笔、船袜、连体袜、睡衣、磁疗枕、抱枕被、对枕、热水壶、熨烫机、洗发水、充电宝、自拍杆、网红手表、黄金吊坠、电影票、鞋垫、鞋油、时尚小圆镜、304 不锈钢笑脸两件套儿童餐具礼盒、卡通零钱拉链包、炫彩杯两件套、创意带水把玻璃杯、桌面垃圾桶、企鹅杯便携式防烫水杯、星巴克对杯、钻石碗六件套、香薰炉、时尚拖鞋、珠点碗六件套、保鲜碗五件套、沙滩巾、雨伞、U 形枕、多功能柠檬插座、调味盒、风筝、水果手工皂、收纳凳、玻璃水、果盘、水具五件套、耳暖、颈椎枕、充电宝、小艾杯、微型干燥机、调味罐、腰带、柠檬杯、热磁疗手套、托玛琳竹纤维毛巾、变色杯、发膜、护手霜、凉拖鞋、原木浆抽纸、靠枕、抱枕、保鲜盒、帽子。

【超级赠品】

①女装适用：羊绒衫、羊绒裤、动感单车、蚕丝被、小米平衡车、羊绒毯、智能电饭煲、泡脚养生盆、环保空调扇、智能高压锅、皇后锅、按摩椅、微波炉、跑步机、户外帐篷、拉杆箱、足浴器血按摩器、电烤炉、微波炉、按摩枕、床上四件套、动感单车、扫地机器人、苹果手机、驼绒被、凉席、浴巾、电烤箱、苏泊尔三件套、大米、粮油大礼包、韩国十豪锅、熨烫机、纳米补水仪、洁面仪、18K 白金钻戒、卷发棒（直板夹）、运动手环、涮烤锅（设计场景、FABE 讲解）、全自动咖啡机、迷你投影仪、黄金吊坠、双立人刀具。

②男装适用：羊绒衫、羊绒裤、动感单车、皇后锅、蚕丝被、小米平衡车、泡脚养生盆、环保空调扇、某品牌手表、按摩椅、跑步机、户外帐篷、拉杆箱、足浴器血按摩器、飞科剃须刀、商务包、电烤炉、微波炉、床上四件套、动感单车、扫地机器人、平衡车、苹果手机、运动手环、真皮皮包、手包、红酒、白酒、踏步机、减压拳击沙包、车载剃须刀、双立人刀具、越

野平衡车、全自动咖啡机、迷你投影仪、黄金吊坠。

③童装适用：羊绒衫、羊绒裤、羊绒毯、按摩枕、床上四件套、亲子 T 恤、书包、儿童电话手表、儿童毛毯、布娃娃、机器人、遥控车、全自动卡通蛋糕机、文具盒六件套、画具、儿童 ATM 机、音乐盒、儿童智能手表。

④家纺适用：动感单车、蚕丝被、小米平衡车、智能电饭煲、泡脚养生盆、环保空调扇、智能高压锅、皇后锅、按摩椅、跑步机、户外帐篷、拉杆箱、足浴器血按摩器、电烤炉、微波炉、床上四件套、动感单车、扫地机器人、平衡车、双立人刀具、苹果手机、涮烤锅（设计场景、FABE 讲解）、全自动咖啡机、黄金吊坠。

⑤行业通用：拉杆箱、手机、取暖器、浮士德锅、豆浆机、空气净化器、挂烫机、洗衣机、帐篷、电烤炉、微波炉、按摩枕、床上四件套、动感单车、扫地机器人、平衡车、苹果手机、照片打印机、涮烤锅（设计场景、FABE 讲解）、电动车、空气净化器、落地风扇、电饼铛、电暖器、功能铲、焖烧壶、iPAD、豹纹电热水袋、卡通联盟电暖袋、蝴蝶款电暖袋、直筒款电暖袋、迷你洗衣机、电烤箱、黄金锅、陶瓷刀三件套、老粗布凉席、懒人沙发、内衣洗衣机、行李箱、料理机、拖把、吸尘器、榨汁机、电吹风、电动牙刷、拍立得、毛毯、干衣机、小冰箱、皇后锅、双立人刀具空气炸锅、洗碗机、高压锅、写字桌、香水、美容仪、消毒柜、养生罐、落地扇、油汀、加湿器、乳胶枕、墨镜、溜冰鞋、电话手表、智能机器人、品牌保温杯、飞机模型、羊绒围巾、智能机器人、床品四件套、挂烫机、净化器、微波炉、榨汁机、蓝牙音箱、行车记录仪、双层不锈钢保温电热壶、蒸汽美容烫衣机、24K 黄金美容棒、离子导入仪、眼部祛皱美颜仪、眼部按摩椅、多功能除螨小精灵、瘦身美体甩脂机、全方位锻炼机、便携式电吹风、三层钢炒锅、韩式健康养生锅、黄金锅、紫砂石锅五件套、烧烤架、车载冰箱、颈椎理疗仪、滑板、无人机、护眼灯、玉石能量枕。